Wendt

Müller • Britische Hütehunde

Einbandgestaltung: Andreas Pflaum

ISBN 3-275-01269-X

1. Auflage 1998

Lektorat: Myrta Baumberger
Herstellung: Hermann Lambrecht
Satz: IPa, D-71665 Vaihingen/Enz
Druck und Bindung: Fotolito Longo, I-39100 Bozen
Printed in Italy

Hunderassen

Urs Ochsenbein

Barbara Müller

Britische Hütehunde

Collie • Bearded und Border Collie • Bobtail • Sheltie • Corgi

Ursprung • Aufzucht • Erziehung • Pflege

Müller Rüschlikon

Für Pepper

Danken möchte ich meinen Freunden und britischen Hütenhunde-Liebhabern für die ausgezeichneten Fotos und die Unterstützung bei der Fertigstellung dieses Buches.
Besonders danken möchte ich meinem Mann Urs, der den tierärztlichen Teil dieses Buches verfaßte und mit viel Verständnis für meine Liebe zu den Bobtails mir ermöglicht, mich mit Leidenschaft der Hundezucht zu widmen.

Barbara Müller
Bauma, im August 1998

Inhalt

Oben: Drei Shelties aus den 30er Jahren

Unten: Shelty-Rüde »Champion Downfield Olaf« gewann sehr viele Preise in den Jahren 1929–1930

Die Familie der britischen Hütehunde

In die Familie der britischen Hütehunde gehören seit Beginn der Rassehundezucht Collie, Shetland Sheepdog (Sheltie), Bearded Collie, Old English Sheepdog (Bobtail), Border Collie, Welsh Corgi Cardigan und Welsh Corgi Pembroke.
Ihr Aussehen und Größe sind so verschieden wie die Landschaften, in denen sie seit Urzeiten leben, so verschieden wie ihre Aufgaben – das Hüten von Vieh- und Schafherden, das Treiben des Schlachtviehs zu den Märkten und das Melden von Gefahr –, welchen sie als zuverlässige Helfer nachgingen und wozu sie teilweise auch heute noch eingesetzt werden.

Entsprechend ihren vielfältigen Aufgaben unterscheiden sich die einzelnen Rassen auch im Wesen erheblich.
Der Collie, es gibt den Langhaar- und den Kurzhaar-Collie, ist in seiner Art sanft und edel. Eher zurückhaltend Fremden gegenüber, aber nicht ängstlich oder aggressiv. Sein stark ausgeprägter Besitzerinstinkt macht ihn zum ausgezeichneten Wachhund.
Der Shetland Sheepdog / Sheltie wird oft als kleiner Bruder des Collie bezeichnet. Er ist niemals nervös, sehr bellfreudig und ausgesprochen wachsam, pflegeleicht und robust. Fremden gegenüber benimmt er sich sehr aufmerksam, aber zurückhaltend.
Der Bearded Collie präsentiert sich als liebenswertes, langhaariges Temperamentbündel, immer freundlich, aber mit lauter Stimme in Aktion. Schwung und elegante Bewegungen zeichnen ihn aus.

Bobtailhündin »Champion Fairwether«, geb. 10. 5. 1898

Der Old English Sheepdog, besser bekannt unter seinem Spitznamen Bobtail, ist der Größte und Kräftigste. Sein Wesen kann als bedingungslos kinderfreundlich, treu, vertrauenswürdig und sehr gemütlich beschrieben werden.
Der Border Collie, aufgrund seiner Arbeitsfreudigkeit und Gelehrigkeit bestens für Agility und ähnliche Hundesportarten geeignet, ist äußerst feinfühlig. Er muß regelmäßig jeden Tag beschäftigt werden, um nicht zu verkümmern.
Die Kleinsten, aber nur in der Körpergröße, sind die **Welsh Corgi Pembroke** und **Welsh Corgi Cardigan**. Ihr spitzbübischer Ausdruck erinnert an den eines Fuchses und die dreiste und geschickte Art dieser Hunde begeistert seit vielen Jahren nicht nur die Mitglieder des englischen Königshauses.

Familienfreundlichkeit und Kinderliebe zeichnet alle diese Rassen heute in höchstem Maße aus. Unbegründete Aggressivität gegenüber Menschen oder Tieren ist ihnen fremd, sie bewachen gern ihr Heim und melden kommende Gefahr unverzüglich. Als ursprüngliche Hütehunde haben sie keinen ausgeprägten Jagdinstinkt, sollten aber im Wald angeleint werden. Sie sind lauffreudig und sehr wetterfest. Innerhalb „ihrer" Familie möchten sie als vollwertiges Mitglied akzeptiert und auch regelmäßig beschäftigt werden. Für die vielseitigen, nie langweilig werdenden Hundesportarten Agility und Obedience eignen sie sich vorzüglich.
Je nach Situation manchmal etwas dickköpfig oder smart, sind sie imstande, jedes Familienmitglied um den Finger zu wickeln.
Es sind „Briten", mit einem besonderen Humor ausgestattet, teilweise etwas skurril, etwas versnobt aber immer robust und allen Lebenslagen gewachsen.

Die britischen Hütehunde in der Schweiz ...

1883 wurde die Schweizerische Kynologische Gesellschaft (SKG) in Zürich gegründet.
In den Stammbüchern Nr. 3 und 4 von 1889 und 1892 sind die ersten Collie-Eintragungen zu finden.
Stammbuch Nr. 3 – eine Eintragung: „Schottische Schäferhunde (Collies)": Hund Nr. 322. **Dash**. D.H.S.B. 2188. Bes.: Max Feer, Brombach bei Lörrach.
Züchter: Hippolyt Meurer, Köln. Schwarz mit braunen Abzeichen und weißer Brust.
Geb. 22. Dez. 1884. Von Bonnie Laddie K.C.S.B. 16800 aus Hornpipe K.C.S.B. 12985.
II. Preis Zürich 1887.
Stammbuch Nr. 4 – elf Eintragungen: Hunde Nr. 489 bis 492 und Hündinnen Nr. 493 bis 499.

Interessant ist die Eintragung des Rüden Nr. 490 **Ali Baba** K.C.S.B. 23161, D.H.S.B. 3833 Bes.: Max Feer, Brombach, jetzt Zürich.
Züchter: Besitzer. Sable (rothfahl) mit weiß. Schulterhöhe 56 cm, geb. 13. März 1888,
von Champion Metchley Wonder K.C.S.B. 23002 aus Prudence K.C.S.B. 23093,
Ehrenpreis Bern 1889; II. Preis Köln 1889; Ehrenpreis und II. Preis Berlin 1890.
(Max Feer war von 1893 bis 1895 Präsident der SKG, sein Zwingername „Thur" ist im Stammbuch Nr. 4 noch nicht eingetragen.)
Ali Baba ist der Vater der Hündin Nr. 494 **Alice**, geb. 10. Juli 1890, aus Spoerri's Nell, und der Vater der Geschwister Nr. 498 **Lady von Riesbach**, Nr. 499 **Nell II** und Nr. 492 **Ali**, geb. 20. März 1891 aus Spoerri's Nell.
Nr. 493 ist folgendermaßen eingetragen: Hündin **Spoerri's Nell**, Bes. H. Spoerri, Thierarzt, Riesbach-Zürich. Aus England importiert. Schwarz mit Gelbbraun. Geb. ca. 1886. H.1. Erw. Bern 1889.

Bearded Collie-Hündin »Beautys Bairn of Bothkennar«

Im Stammbuch Nr. 15 von 1913 findet man die ersten drei Eintragungen von „Altenglischen Schäferhunden – Bobtail". Es sind der Rüde Stylish **Boy II Byron** weiß und gelb; gew. November 1910 von King aus Falkenham Lass. Präm.: II. Preis offene Kl. Genf 1911; 1. Preis offene Kl. Luzern 1912, und die Hündinnen **Lassie Byron** dunkelstahlgrau mit etwas Weiß; und **Miss Naughty Byron**, weiß mit dunkelstahlgrauen Platten. Beide Hündinnen wurden am 11. Oktober 1910 geworfen von „Stylish Boy I" aus „Nell". Züchter dieser drei Hunde war Mad. Adams-Mayhew, Clarens und Besitzer Prof. Dr. Bitzel, Genf.
1946 erfolgten die ersten Eintragungen für Welsh Corgies (Pembroke) und 1948 wurden auch die Shetland Sheepdogs erstmals eingetragen.
Sehr viel später, nämlich 1962, wurde die erste Bearded Collie-Hündin **Beautys Bairn of Bothkennar**, gew. 15.9.1959, von Blimber of Bothkennar aus Beauty Queen of Bothkennar, Züchter Mrs. G.O. Willison, von A. und H. Kurzbein, Untersiggenthal, importiert.

Border Collie-Hündin »Lass of Kentene«

Border Collie-Rüde »Ali von Border Creek« Sohn von »Lass«

Border Collies wurden erstmals 1980 ins Stammbuch eingetragen. Es sind die Importe **Tweed of Kentene**, gew. 29.5.1978 und **Lass of Kentene**, gew. 9. März 1978, Züchter der beiden Hunde war Mr. A. Main, England. „Lass" war trächtig importiert worden und warf am 24. April 1980 sechs Welpen unter dem Zwingernamen „von Border Creek" von H.P. Reiss, Bäretswil.
Der Collie Club wurde 1902 gegründet und ist gemeinsam mit dem Schweizerischen Schäferhund-Club der zweitälteste Rasseclub der SKG. Die Mitgliederzahl betrug schon bei der Gründung 417 Personen. (Ältester Rasse-Club ist der Schweiz. St. Bernhards-Club, gegründet 1884.)
Seit 1969 besteht der Welsh Corgi Club. Shetland Sheepdogs werden seit 1954 von ihrem eigenen Club betreut. Bearded Collie-Besitzer gründeten 1979 einen Club und die Anerkennung des Bobtail-Club erfolgte 1981. Den Border Collie Club gibt es seit 1986.
Die Anzahl der eingetragenen Welpen der verschiedenen Rassen variierte in den vielen Jahren erheblich. Bei genauer Betrachtung kann man die verschiedenen Modeströmungen, welche beson-

ders den Collie, aber auch den Bobtail betrafen, sehr gut verfolgen.
Heute werden jährlich etwa 200 Collies, 65 Bearded Collies, 90 Bobtails, 100 Border Collies, 75 Shetland Sheepdogs, 20 Welsh Corgi Pembroke und gelegentlich ein Wurf Cardigan ins Schweizerische Hundestammbuch eingetragen.

... in Deutschland

1906 war das Gründungsjahr des Verbandes für das Deutsche Hundewesen (VDH). Die ersten Collie-Importe gehen aber schon auf das Jahr 1885 zurück. In der Folge wurde 1889 der „Mainzer Collieclub" gegründet, dem bald darauf der überregionale „Collie Club" folgte.
Als Collie-Züchter begannen, Shelties und Bobtails zu importieren und zu züchten, wurden auch diese Rassen in den Club aufgenommen. Heute heißt er „Club für britische Hütehunde", betreut alle britischen Hütehunde und führt ein eigenes Zuchtbuch. Im weiteren gibt es den „Deutschen Collie Club e.V.", welcher 1987 gegründet wurde, und für die Bobtails den 1994 gegründeten „Deutschen Old English Sheepdog Club e.V.". Auch diese Clubs führen ein Zuchtbuch und sind berechtigt, vom VDH anerkannte Ahnentafeln auszustellen.
1997 wurden von diesen verschiedenen Rasse-Clubs 1637 Collies, 636 Shelties, 932 Bearded Collies, 506 Bobtails, 663 Border Collies, 16 Welsh Corgi Pembroke aber leider kein Welsh Corgi Cardigan in die Zuchtbücher eingetragen.

... und in Österreich

Der „Österreichische Kynologenverband" (ÖKV) wurde 1883 gegründet.
In den 1920er Jahren formte sich der erste „Collie Club", der seit seiner Wiederauferstehung nach Ende des zweiten Weltkrieges alle britischen Hütehunde im gleichnamigen Club betreut.
Die Entwicklung der einzelnen Rassen verlief ähnlich wie in der Schweiz und in Deutschland.
Eingetragen ins Zuchtbuch werden jährlich ca. 150 Collies, 60 Shelties, 100 Bearded Collies, 40 Bobtails, 70 Border Collies und gelegentlich ein Wurf Welsh Corgi Pembroke.

Herbal's Winter Willow »Wilby«, 6 Monate alt

Der Collie

Die genaue Herkunft des Collie ist nicht nachvollziehbar und wird wohl immer im Dunkeln verborgen bleiben. Als eine der ältesten englischen Hunderassen kann man ihn jedoch mit etwas gutem Willen bis ins 16. Jahrhundert zurückverfolgen. Der Leibarzt der Königin Elisabeth I., Dr. Johannes Caius, gab 1570 das lateinische Buch „De canibus Britannicis" heraus, dem 1576 die englische Übersetzung von Abraham Fleming „Of Englishe Dogges" folgte. In diesem Buch wird ein „canis pastoralis" bzw. ein „shepherds dogge" von mittlerer Größe beschrieben, der nicht mehr mit dem blutdürstigen Wolf zu kämpfen hatte. (Auf Betreiben König Edwards hin, der ein hohes Kopfgeld für jeden toten Wolf ausgesetzt hatte, galt der Wolf in England schon um 1000 n. Chr. als ausgestorben.)

Laut Dr. Caius arbeitete dieser Hund nach der Stimme seines Meisters oder auf Handzeichen hin und brachte die verstreuten Schafe an den gewünschten Platz, zum Wohle seines Meisters, der dafür „seine Füße nicht bewegen mußte". Dr. Caius schrieb weiter, daß anders als in Frankreich, Flandern, Syria und Tartaria, wo die Schafe dem Schäfer folgten, in England die Schäfer mit dem Hund den Schafen folgten. Außerdem konnte der Schäfer mit Hilfe dieses Hundes die Scha-

Typischer Collie-Rüde »Woodmansterne Derek« etwa 1930

Gruppe verschiedenfarbiger Collies »v. Wengerhof«

»Essa Elrani-Blue of Sealand« (Blue-Nierle) und »Earl Esco-Night of Sealand« (Tri-Colour) Foto: Pro Dog

Edler Kopf und Ausdruck

fe auch zum Metzger treiben. Auch für kranke oder verletzte Schafe würde diese „shepherds dogge“ keine Gefahr bedeuten.
Sein damaliger Name „Colley“ wurde, so vermutet man, von den mehrheitlich zu hütenden schottischen Hochlandschafen mit schwarzen Gesichtern und Beinen, welche „Colleys“ genannt wurden, abgeleitet. Einer anderen Theorie zufolge ist er die Ableitung des Wortes „Collar“, welche auf die häufig vorkommende weiße Halskrause der Hunde hinweist, aber auch „Col“, das angelsächsische Wort für Schwarz, könnte bei der Namengebung beteiligt gewesen sein, speziell, wenn man bedenkt, daß die ursprüngliche Farbe des „Colley“ schwarz mit teilweise kleinem weißen Brustfleck war. Wesentlich spätere Einkreuzungen von Gordon Setter und Irish Setter sollen die Fellfarbe des heutigen Collie hervorgebracht und beeinflußt haben.
Auf den schottischen Hochebenen brauchte man Hunde, die außerhalb der Sicht des Hirten Schafe und auch die kleinen Lämmer hüteten. Ein freundliches, sanftes Wesen mit ausgeprägtem Selbstbewußtsein war hier von ganz großer Wichtigkeit. Aggressive Hunde hätten die Schafe nur nervös gemacht und Unfälle provoziert. Man kann daher vermuten, daß die Schäfer schon damals versuchten, planmäßig Hunde zu züchten, welche ihren Anforderungen entsprachen.
Für die Hirten war es wichtig, daß die Hunde ihre tägliche anspruchsvolle Arbeit gut verrichteten. Außerdem erwartete man Genügsamkeit, Gesundheit und Ausdauer. Schönheit oder Eleganz spielten noch keine Rolle und so ist es nicht verwunderlich, daß die damaligen Arbeitshunde wesentlich massiver waren und einen gedrungeneren Körperbau hatten. Auch der Kopf war sehr viel breiter und kürzer, mit dem edlen Kopf des heutigen Collie nicht vergleichbar.
Ältere Autoren berichten über den „Colley“ immer als den Bauern- oder Schäferhund. Sie beschreiben ihn als den Hund, ohne den die Schäfer im schottischen Hochland nicht lebensfähig gewesen wären. Ein „Colley“ verrichtete täglich die Arbeit von 20 Mann und war dankbar für jeden Bissen, den er für seine Arbeit erhielt. Er war seinem Herrn immer treu ergeben und weder große Strapazen noch schlechte Behandlung ließen ihn von seiner Seite weichen.

1860 wurden erstmals Collies auf einer Hundeausstellung in Birmingham dem großen Publikum vorgestellt und in den darauffolgenden Jahren formten sie sich zu einer eigenständigen, sehr beliebten Rasse.
Durch die Fernsehserie „Lassie“ wurde der Collie

Attraktiver Blue-Merle Rüde Foto Pro Dog

Etwa acht Wochen alte Welpen »v. Wengerhof«

in den 1960er Jahren in Europa quasi über Nacht berühmt. Kinderherzen fieberten Woche für Woche vor dem Fernsehschirm mit „Lassie" und ihren zweibeinigen Freunden. Der Collie wurde zum Modehund Nr. 1.
Speziell die zobel – weiß-farbigen, eben die „Lassie-Hunde" waren äußerst begehrt. Auch heute noch ist diese Farbe am verbreitetsten. Collies gibt es aber auch noch in den wunderschönen Farben Tri-colour und Blue-merle.
Modehund zu werden, hat noch keiner Rasse gut getan. Skrupellose Vermehrer produzierten Collies am Laufmeter und da nur der Profit im Vordergrund stand, wurde auf gute Aufzucht und Haltungsbedingungen kein besonderer Wert gelegt. Bei der Auswahl der Zuchtpartner wurde auf den einmaligen Charakter, aber auch auf die außergewöhnliche Schönheit und Eleganz dieser Rasse keine Rücksicht genommen. Das Ergebnis waren ängstliche, scheue Hunde mit untypischem Knochenbau und Haarkleid. Nur den wirklichen Collie-Liebhabern und seriösen Rassehunde-Züchtern und Kennern ist es zu verdanken, daß der Collie sich aus dieser Krise erholen konnte. Wieder gesund an Leib und Seele erfreut er sich heute abermals großer Beliebtheit.

Der Collie heute

Der heutige Collie, wie er auch im nachfolgenden, offiziell gültigen FCI Rasse-Standard gefordert wird, ist ein wunderschöner, eleganter und attraktiver Hund von mittlerer Größe. Sein edler und liebenswürdiger Ausdruck wird durch die Ohren, deren obere Spitze nach vorn kippt, und die wunderschöne Mähne und Halskrause noch verstärkt. Der Körper ist harmonisch proportioniert und darf weder grob noch plump wirken. Das Haarkleid ist sehr dicht und paßt sich den Außenlinien des Körpers an. Die Unterwolle ist weich und pelzig und das Deckhaar glatt und hart. Die drei Farben zobel, tri-colour und blue-merle kommen in den unterschiedlichsten Schattierungen vor und geben jedem Hund sein ganz spezielles Aussehen.
Kopf und Ausdruck, aber auch das Haarkleid und die Halskrause waren schon in den lange vergangenen Anfangszeiten dieser Rasse enorm wichtig, wie man aus der alten, heute nicht mehr gültigen Punkte-Skala des englischen Collie-Clubs ersehen kann. Auch den Läufen und Pfoten wurde sehr große Bedeutung beigemessen, was nicht verwundert, wenn man sich an die enorme Laufarbeit erinnert, die diese Hunde zu verrichten hatten.

Punkte-Skala

Kopf und Ausdruck	**15**
Ohren	10
Hals und Schultern	10
Läufe und Pfoten	**15**
Hinterhand	10
Rücken- und Lendenpartie	10
Rute	5
Haarkleid und Halskrause	**20**
Größe	5
Total Punkte	**100**

Heute ist der vom englischen Kennel Club (The Kennel Club) 1988 überarbeitete (und von der FCI anerkannte), neu herausgegebene Standard gültig und für alle Richter auf Hundeausstellungen verbindlich.

Der Kurzhaar-Collie

Kurzhaar-Collies sind bis heute bei uns noch

Kurzhaar-Collie Multichampion. »Straightline's Great Passion«

recht selten gesehene Hunde. Die beiden Rassen unterscheiden sich optisch durch ihr Haarkleid. Beim Kurzhaar-Collie soll es kurz und flach sein. Das Deckhaar muß eine harte Struktur aufweisen und dichte Unterwolle ist erwünscht.

Die Fellpflege ist wesentlich anspruchsloser und einfacher als die des langhaarigen Vetters.

Ob früher Kurzhaar- mit Langhaar-Collies gepaart wurden, ist nicht mehr mit Sicherheit festzustellen. Es fielen aber in einigen Langhaar-Würfen Welpen mit sehr kurzem Haar. Umgekehrt gab es auch in Kurzhaar-Würfen Welpen mit längerem Haar.

Charakterlich verhalten sich beide Rassen sehr ähnlich, trotzdem bestehen aber gewisse kleinere Unterschiede. So ist der Kurzhaar- wesentlich temperamentvoller und fröhlicher als der Langhaar-Collie. Auch Fremden gegenüber ist er nicht so reserviert, ja es kann sogar vorkommen, daß er auf dem Spaziergang zu vorbeigehenden Personen läuft, um sie zu begrüßen. Andererseits sind sie sensibler und leiden sehr stark unter einer Trennung von ihrer Familie. Für Agility sind sie ausgezeichnet geeignet, müssen aber im Vergleich zum Langhaar-Collie konsequenter erzogen werden.

Der Kurzhaar-Collie hat das Glück, nie „Modehund“ gewesen zu sein. Dies ist sicher mit ein Grund, daß er sich viel von seiner Ursprünglichkeit, vom selbstbewußten Bauern- und Hütehund, erhalten konnte.

Für wen ist der Collie geeignet?

Als echter Hütehund ist der Collie ein idealer Begleiter für die ganze Familie. Ob Jung oder Alt, der Collie nimmt „seine“ Familie, wie sie ist. Natürlich hat er gern eine große Familie, aber auch in einem Ein- oder Zweipersonenhaushalt ist er sehr glücklich. Auf Spaziergängen mit „seiner“ Familie wird er immer versuchen, alle Mitglieder zusammenzuhalten. Entfernt sich z.B. eines der Kinder zu weit, wird er sich bemühen, es sofort wieder zurückzutreiben, wenn nötig mit sanfter Gewalt. Als gelehriges Multitalent ist er für jede Art von

Multichampion. »Failines Spotted Blue Born« (Blue Merle)

Hundesport geeignet. Ob es sich dabei um Begleithunde-Prüfungen, Ausbildung zum Sanitätshund, Agility, Mobility oder auch Schafe-Treiben handelt, ist ihm egal – er macht überall mit.
Groben Streitereien mit Artgenossen geht er grundsätzlich und mit britischer Eleganz aus dem Wege.
Nicht sehr aufwendig, aber doch nicht zu unterschätzen ist die Haarpflege, welche in einem separaten Kapitel beschrieben wird.
Wer einen angenehmen, unaufdringlichen, gutmütigen, Fremden gegenüber zurückhaltenden, sehr langlebigen, kinderfreundlichen Hund mit großem Besitzerinstinkt und gutem Wachtrieb sucht, wird am Collie seine wirkliche Freude haben.

Multichampion »First Class Callgirl« (Tri-Colour)

»Collie's of Sealand Domina Duchesse Smooth« (Zobel)

FCI-Standard Collie (Langhaar) No. 156 / 19.10.1988/D

Collie (Langhaar)

Ursprungsland: Großbritannien

Übersetzung: Frau Birgit Fricke

Allgemeines Erscheinungsbild:
Stellt einen Hund von großer Schönheit mit gelassener Würde dar. Dabei ist kein Einzelteil unproportioniert zum Gesamtbild.

Charakteristika:
Der Körperbau ist geprägt von Kraft und Aktivität, er ist frei von Plumpheit und ohne jede Spur von Grobheit. Der Ausdruck ist von größter Wichtigkeit. Betrachtet man die hierfür relevanten Merkmale, so wird er geprägt durch die vollkommene Ausgewogenheit und richtige Zusammensetzung von Schädel und Vorgesicht, durch Größe, Form, Farbe und Sitz der Augen und korrekt angesetzte und richtig getragene Ohren.

Wesen:
Freundlich veranlagt, ohne jegliche Spur von Nervosität oder Aggressivität.

Kopf und Schädel:
Die Besonderheit des Kopfes ist von großer Wichtigkeit; er muß im Verhältnis zur Größe des Hundes betrachtet werden. Von vorn oder von der Seite gesehen gleicht der Kopf einem gut abgestumpften, sauber geschnittenen Keil mit glatten Außenlinien. Der Schädel ist flach und verjüngt sich an den Seiten allmählich in einer glatten Linie von den Ohren bis zur Spitze der schwarzen Nase, ohne daß die Wangenknochen hervorstehen und ohne daß der Fang dünn und spitz wirkt. Im Profil betrachtet verlaufen die oberen Linien des Schädels und des Vorgesichtes parallel und gerade und sind gleich lang. Sie werden durch einen leichten, jedoch wahrnehmbaren Stop oder Absatz geteilt. Der Mittelpunkt zwischen den inneren Augenwinkeln (der gleichzeitig das Zentrum eines korrekt plazierten Stops ist) stellt den Mittelpunkt einer ausgewogenen Kopflänge dar. Das Ende des glatten, gut gerundeten Fanges ist stumpf, niemals quadratisch.
Unterkiefer kräftig und gut geformt. Die Tiefe des Schädels, von den Augenbrauen zur Unterkante des Unterkiefers hin, darf niemals übermäßig sein (insgesamt nicht tief). Nase grundsätzlich schwarz.

Augen:
Sehr wichtiger Punkt, sie geben dem Hund den lieblichen Ausdruck. Mittelgroß (auf keinen Fall sehr klein), etwas schräg eingesetzt, mandelförmig und von dunkelbrauner Farbe, ausgenommen bei den Bluemerles, bei denen die Augen häufig (eines oder beide ganz, oder eines oder beide teilweise) blau oder blaugefleckt sind. Der Ausdruck ist voller Intelligenz, mit einem lebhaften und wachsamen Blick beim Lauschen.

Ohren:
Klein, weder zu nahe beieinander auf dem Schädel, noch zu weit voneinander angesetzt. In der Ruhe zurückgelegt, jedoch sobald seine Aufmerksamkeit erregt wird, nach vorne gebracht und halbaufrecht getragen; d.h. annähernd zwei Drittel des Ohres stehen aufrecht und das obere Drittel kippt auf natürliche Art nach vorne, bis unter die waagerechte Linie der Kippfalte.

Fang / Gebiß:
Die Zähne sind von guter Größe, Kiefer kräftig, mit einem perfekten, regelmäßigen und vollständigen Scherengebiß, d.h. wobei die obere Schneidezahnreihe ohne Zwischenraum über die unter greift und die Zähne senkrecht im Kiefer stehen.

Hals:
Muskulös, kraftvoll, von angemessener Länge, gut gebogen.

Vorhand:
Schultern schräg und gut gewinkelt. Vorderläufe gerade und muskulös, wobei die Ellenbogen weder nach innen, noch nach außen drehen, mit nicht zu starken Knochen.

Körper:
Im Vergleich zur Schulterhöhe etwas länger, Rücken fest, mit leichter Wölbung über der Lendenpartie. Rippen gut gewölbt. Tiefe Brust, dabei hinter der Schulter ziemlich breit.

Hinterhand:
Oberschenkel muskulär; trocken und sehnig unterhalb der gut gewinkelten Kniegelenke, Sprunggelenke tief stehend und kraftvoll.

Pfoten:
Oval, mit gut gepolsterten Sohlen. Zehen an den Vorderpfoten gut, an den Hinterpfoten etwas weniger aufgeknöchelt und dicht zusammenstehend.

Rute:
Lang, ihr Knochenende reicht mindestens zu den Sprunggelenken. In Ruhe wird sie tief, mit leicht aufgebogener Spitze getragen. Bei Erregung kann sie höher, jedoch niemals über dem Rücken getragen werden.

Gangart/Bewegung:
Die Bewegung ist ein unverkennbares, charakteristisches Merkmal dieser Rasse. Ein gut gebauter Hund dreht niemals die

Ellenbogen aus, dennoch kommen sich die Vorderpfoten in der Bewegung verhältnismäßig nahe. Strickendes, kreuzendes oder rollendes Gangwerk ist höchst unerwünscht. Von hinten betrachtet stehen die Hinterläufe von den Sprunggelenken zum Boden parallel, jedoch nicht zu eng zusammen. Von der Seite gesehen, ist die Bewegung fließend, Hinterläufe kraftvoll mit starkem Schub. Ein entsprechend raumgreifender Schritt ist erwünscht, dieser sollte leicht und mühelos sein.

Haarkleid:
Paßt sich den Umrißlinien des Körpers an, sehr dicht. Deckhaar glatt, es fühlt sich hart an. Unterwolle weich, pelzig und sehr dicht, nahezu die Haut verbergend, Mähne und Halskrause üppig. Maske und Gesicht glatt und kurz. Ohren an den Spitzen glatt und kurz, zum Ansatz hin zunehmend mehr Haar. Vorderläufe gut befedert, Hinterläufe oberhalb der Sprunggelenke üppig behaart, unterhalb jedoch kurzhaarig. Rute sehr üppig behaart.

Farbe:
Drei anerkannte Farben: Zobelfarben – weiß, Tri-colour und Blue-merle.
Zobelfarben: Jede Schattierung von hellem Gold bis zum satten Mahagoni oder schattiert zobelfarben. Helle Stroh- oder Cremefarbe ist höchst unerwünscht.
Tri-colour: Vorwiegend schwarz mit satten, lohfarbenen Abzeichen an Kopf und Läufen. Ein Rostschimmer im Deckhaar höchst unerwünscht.
Blue-merle: Vorwiegend klares, silbriges Blau, mit schwarzen Flecken oder schwarzmarmorierter Zeichnung. Satte lohfarbene Abzeichen sind erwünscht, ihr Fehlen sollte nicht beanstandet werden. Große schwarze Flecken, Schieferfarbe oder ein Rostschimmer sowohl im Deckhaar als auch in der Unterwolle sind höchst unerwünscht.
Weiße Abzeichen: Alle vorgenannten Farben können die für den Collie typischen weißen Abzeichen mehr oder weniger aufweisen. Folgende Zeichnung ist vorteilhaft: Ganz oder teilweise weiße Halskrause, weiße Brust, Läufe und Pfoten, weiße Rutenspitze. Auf dem Vorgesicht und/oder am Schädel darf eine Blesse vorhanden sein.

Größe:
Widerristhöhe: Rüden 56 bis 61 cm, Hündinnen 51 bis 56 cm.

Fehler:
Jede Abweichung von den vorgenannten Punkten sollte als Fehler angesehen werden, dessen Bewertung im genauen Verhältnis zum Grad der Abweichung stehen sollte.

Anmerkung:
Rüden sollten zwei offensichtlich normal entwickelte Hoden aufweisen, die sich vollständig im Skrotum befinden.

FCI-Standard Collie (Kurzhaar) No. 296 / 19.10.1988/D

Collie (Kurzhaar)

Der anerkannte FCI-Standard für den kurzhaarigen Collie unterscheidet sich vom Standard des langhaarigen Collie nur in den nachfolgend aufgeführten Punkten.

Allgemeines Erscheinungsbild:
Ein Hund mit viel Intelligenz, Wachsamkeit und Aktivität. Ist voller Würde, diese wird durch den perfekten Körperbau unterstrichen, wobei kein Teil unharmonisch sein darf. Insgesamt erscheint er fähig zum Arbeiten.

Wesen:
Fröhlich und freundlich, niemals nervös oder aggressiv.

Ohren:
Mäßig groß, breiter am Ansatz, weder zu nahe beieinander ...

Vorhand:
Schultern schräg und gut gewinkelt. Vorderläufe gerade und muskulös, wobei die Ellenbogen weder nach innen noch nach außen drehen, mit mäßig starken Knochen. Vorderläufe etwas „fleischig“, die Vorderfußwurzelgelenke sind geschmeidig und ohne Schwäche.

Haarkleid:
Kurz, flach, Deckhaar von harter Struktur, mit dichter Unterwolle. Darf nicht getrimmt oder geschnitten werden.

Gewicht:

Rüden:	20,5 bis 29,5 kg
Hündinnen:	18,0 bis 25,0 kg

Der Shetland Sheepdog / Sheltie

Die Heimat des Shetland Sheepdog sind die Shetland Inseln. Diese Inselgruppe, es handelt sich um über 100 meist unbewohnte Inseln nördlich der schottischen Küste, ist ca. 1425 Quadratkilometer groß. Das Klima ist stürmisch, feucht und kalt, die Landschaft felsig und moorreich. Großwüchsige Pferde-, Rinder- oder Schafrassen können hier nicht überleben, sie finden bei dem spärlichen Pflanzenwuchs nur ungenügend Futter. Für die kleinen, auch bei uns sehr beliebten Shetlandponys und die kleinen Shetland-Schafe ist das Futter aber ausreichend. Passend zu diesen Herden brauchten die Schäfer einen guten, kleinwüchsigen, robusten und zähen, nicht zu viel fressenden Hütehund. Gefährliche Bären oder Wölfe hatte es auf den Inseln nie gegeben und so war kein Bedarf an großen Hunden, welche die Herden hätten verteidigen können.

Die Entstehung des Shetland Sheepdog ist noch weniger zurückverfolgbar als die des Collies. Holländische Hering-Fischer kamen schon im 15. Jahrhundert und halfen, den Ort Lerwick auf der größten Shetland Insel aufzubauen. Später kamen sie dann regelmäßig während der Heringsfangzeit und auch andere Einwanderer brachten sicher ihre Hunde mit auf die Inseln.
„Yakki“ aus Island, kleine spitzartige Hunde mit Stehohren und Ringelrute aus Norwegen und Finnland sowie größere schottische und englische „Colleys“ waren an der Entstehung der Rasse beteiligt. Weiterhin wird vermutet, daß black-and-tan-farbige (schwarz mit rot) King Charles Spaniels mit oder ohne Absicht eingekreuzt wurden. Diese Vermutung wird erhärtet durch den Umstand, daß im ersten „Stud Book“ (Stammbuch) des 1913 gegründeten englischen Shet-

»Dream Hill Afternoon« (tri-colour) und »Igor von Santenburg« (zobel)

Champion »Rico von den Garnicher Eichen« 3. Platz Aility-Weltmeisterschaft 1997

land Sheepdog Club mehrheitlich Hunde der Farbe black and tan registriert wurden. Heute gibt es diese Farbe jedoch nicht mehr.
Kleinbauern hießen „Crofter“ oder „Toons“ und so benannte man die Hunde nach ihnen „Toonie dog“. Aber auch „Peerie dog“ (kleiner Hund) und „Shetland Collie“ waren gebräuchliche Namen.
Zwischen 1906 und 1910 wurden die ersten Hunde als „Shetland Collie“ auf Hundeausstellungen gezeigt. Verärgerte Collie-Züchter protestierten gegen den Namen dieser „neuen“ Rasse und erst nach langwierigen Diskussionen konnte er in „Shetland Sheepdog“ geändert werden.
1914 wurde die Rasse vom Kennel Club anerkannt und seither ist der Name verbindlich.
Bekannter und viel gebräuchlicher ist der Kosename „Sheltie“.
Zu jener Zeit waren die Hunde noch sehr uneinheitlich in Typ und Größe. Seit Beginn der Reinzucht und wiederum nach endlosen Streitereien über das Aussehen und die Größe dieser „Shetland Sheepdog“, versuchten englische und schottische Züchter mehr und mehr dem Miniatur-Ebenbild des „Show-Collie“ nahezukommen, was ihnen auch weitgehend gelungen ist.
Von den unterschiedlichen Ahnen und Urahnen zeugen noch heute die in manchen Würfen fallenden etwas zu langbeinigen Hunde. Auch Ringelruten und Stehohren sind das Erbe aus diesen lange vergangenen Zeiten.

Der Shetland Sheepdog / Sheltie heute

Als anerkannte, eigenständige Rasse, nicht als „Mini-Collie“, hat der Sheltie in England und auch bei uns eine weite Verbreitung gefunden. Sein angenehmes Wesen – er ist anhänglich, sehr liebevoll und aufmerksam, dabei lebhaft, selbstbewußt und feinfühlig – macht ihn zum idealen Familienhund. Als kleiner Hund, ausgewachsene Rüden haben eine Schulterhöhe von ca. 37 cm und Hündinnen von ca. 35,5 cm, beansprucht er in der Wohnung nicht sehr viel Platz. Der elegante Kopf mit lieblichem Ausdruck, die wunder-

Sheltie-Gruppe
Luxemburger Jugendchampion »Spike-Black v. d. Garnicher Eichen«

Multichampion »Jannetstown Johnnery«

Deutscher Jugendchampion »Chelmarsch Harvey«

schöne Mähne und Halskrause, der harmonische Körperbau und das üppige aber trotzdem leicht zu pflegende Haarkleid findet regelmäßig Liebhaber. Die Fellfarben sind wie beim Collie unterteilt in zobelfarben, tricolor und blue-merle, zusätzlich sind die Farben schwarz-weiß und schwarz-weiß mit loh anerkannt.
Der Sheltie ist bekannt für seine gute Gesundheit und bei normaler Pflege hat er die sehr hohe Lebenserwartung von 12 bis 16 Jahren.
Als Hütehund hat er keinerlei Jagdpassion, ja er würde nicht einmal eine Maus töten.
Er ist sehr bellfreudig und seine noch heute stark ausgeprägte Wachsamkeit hat schon manchen Einbrecher in die Flucht geschlagen.

Für wen ist der Sheltie geeignet?

Grundsätzlich kann diese Frage mit „Für jedermann" beantwortet werden. Klein in den Außenlinien, aber äußerst robust und temperamentvoll, eignet er sich bestens für Familien. Auch ältere Leute finden im Sheltie einen vorzüglichen Kameraden, der sich leicht und gut erziehen läßt. Für Familien mit Kleinkindern ist es empfehlenswert, einen jungen, 10 bis 14 Wochen alten Welpen nach Hause zu holen. Kinder und Welpe können so gemeinsam aufwachsen und spielend Freunde werden. Ältere, nicht an Kleinkinder gewöhnte Hunde reagieren zwar nicht aggressiv auf diese, werden aber, im Gegensatz zu Welpen, sicher keine Spielkameraden.
Im Gegensatz zum Collie kann der Sheltie, bei genügend Auslauf, bequem in einer Wohnung gehalten werden. Er liebt „seine" Familie und ist nur sehr ungern von ihr getrennt, auch nicht für kurze Zeit.
Der Sheltie ist nicht gern alleine. Seine Größe und Gewicht machen es dem Besitzer einfach, ihn überallhin mitzunehmen. Selbst im kleinsten Auto wird er einen komfortablen Platz finden und sich zusammenrollen und schlafen, bis die Reise zu Ende ist.
Fremden gegenüber verhält er sich eher zurückhaltend, ist dabei aber keineswegs ängstlich. Freunde und Bekannte akzeptiert er ohne Schwierigkeiten, wird jedoch immer einen ausreichenden Abstand zu ihnen halten. Diese vornehme Zurückhaltung brachte den Sheltie zu Un-

Champion »Rico von den Garnicher Eichen«
(siehe auch Seite 19)

recht in den Ruf, scheu oder ängstlich zu sein. Als intelligenter und sehr feinfühliger Hund, der seinem Herrn gern gefällt und oft schon frühzeitig erahnt, was von ihm verlangt oder erwartet wird, hat er großen Spaß an Agility und ist für die „Mini"-Klasse bestens geeignet.
Sein üppiges Fell ist leicht zu pflegen, wenn man davon absieht, daß während dem meist zweimal pro Jahr kommenden Fellwechsel etwas mehr gebürstet werden muß.
Wer einen kleinen, nicht viel Platz beanspruchenden, aber doch robusten Hund sucht, ihn auch mal auf den Arm nehmen möchte, und das Wesen eines Hütehundes als angenehm empfindet und genießt, wird an dem sehr langlebigen Sheltie immer seine Freude haben.

FCI-Standard Shetland Sheepdog Nr. 88 / 30.05.1989 / D

Shetland Sheepdog

Ursprung: Großbritannien / 24. Juni 1987

Übersetzung: Drs. Franz und Karin Riemann unter Mitwirkung vom Schweizer Shetland Sheepdog Club und von Herrn Uwe H. Fischer.

Allgemeines Erscheinungsbild:
Kleiner, langhaariger Arbeitshund von großer Schönheit, frei von Plumpheit und Grobheit. Umrißlinie symmetrisch, so daß kein Teil unproportioniert erscheint. Das üppige Haarkleid, die üppige Mähne und Halskrause und ein schön geformter Kopf mit einem lieblichen Ausdruck verbinden sich zum idealen Erscheinungsbild.

Charakteristika:
Wachsam, sanft, intelligent, kräftig und lebhaft.

Wesen:
Liebevoll und verständig gegenüber seinem Herrn, reserviert gegenüber Fremden, niemals nervös.

Kopf und Schädel:
Kopf edel, von oben oder von der Seite gesehen wie ein langer stumpfer Keil, der sich von den Ohren zur Nase hin verjüngt. Die Breite des Schädels steht im richtigen Verhältnis zur Länge von Schädel und Fang. Das Ganze muß in Anbetracht der Größe des Hundes bewertet werden. Schädel flach, mäßig breit zwischen den Ohren, ohne daß das Hinterhauptbein hervorragt. Wangen flach, glatt in den gut gerundeten Fang übergehend. Schädel und Fang gleich lang, Teilungspunkt ist der innere Augenwinkel. Oberlinie des Schädels verläuft parallel zur Oberlinie des Fangs, mit leichtem aber deutlich erkennbarem Stop. Nase, Lefzen und Lidränder schwarz. Der charakteristische Ausdruck ergibt sich durch die vollkommene Harmonie in der Verbindung von Schädel und Vorgesicht, durch Form, Farbe und Plazierung der Augen und durch die richtig angesetzt und korrekt getragenen Ohren.

Fang / Gebiß:
Kiefer ebenmäßig, glatt geschnitten, kräftig, mit gut entwickeltem Unterkiefer. Lippen fest geschlossen. Zähne gesund mit einem perfekten, regelmäßigen und vollständigen Scherengebiß, wobei die obere Schneidezahnreihe ohne Zwischenraum über die unteren greift und die Zähne senkrecht im Kiefer stehen. Ein vollständiger Satz von 42 richtig plazierten Zähnen ist höchst wünschenswert.

Augen:
Mittelgroß, schräg eingesetzt, mandelförmig. Dunkelbraun, außer bei den Merles, wo ein oder beide Augen blau oder blau gesprenkelt sein dürfen.

Ohren:
Klein und am Ansatz mäßig breit, auf dem Schädel ziemlich eng zusammenstehend. Im Ruhezustand werden sie zurückgelegt getragen; im aufmerksamen Zustand werden sie nach vorne gebracht und halbaufrecht, mit nach vorne kippenden Spitzen getragen.

Hals:
Muskulös, gut gebogen, von ausreichender Länge, um eine stolze Kopfhaltung zu ermöglichen.

Vorhand:
Schultern sehr gut zurückliegend. Am Widerrist nur durch die Wirbel getrennt, liegen die Schulterblätter dann schräg nach außen, um der gewünschten Wölbung der Rippen Platz zu bieten. Schultergelenke gut gewinkelt. Oberarm und Schulterblatt ungefähr gleich lang. Abstand vom Boden zu den Ellenbogen gleich dem Abstand von Ellenbogen zu Widerrist. Vorderläufe von vorn gesehen gerade, muskulös und ebenmäßig geformt, mit kräftigen Knochen. Vordermittelfuß kräftig und geschmeidig.

Körper:
Geringfügig länger vom Schultergelenk zu den Sitzbeinhöckern als die Widerristhöhe. Brust tief, bis zu den Ellenbogen herabreichend. Rippen gut gewölbt, in der unteren Hälfte schmal zusammenlaufend, um den Vorderläufen und den Schultern eine freie Bewegung zu ermöglichen. Rücken gerade, mit einer anmutigen Rundung über der Lendenpartie, Kruppe allmählich nach hinten abfallend.

Hinterhand:
Schenkel breit und muskulös, Schenkelknochen im rechten Winkel im Becken eingesetzt. Kniegelenk mit deutlicher Winkelung, Sprunggelenke gut geformt und gewinkelt, tiefstehend, mit kräftigen Knochen. Hintermittelfuß von hinten gesehen gerade.

Pfoten:
Oval, mit gut gepolsterten Sohlen, Zehen gewölbt und geschlossen.

Rute:
Tief angesetzt. Die zur Spitze hin dünner werdenden Wirbelknochen reichen bis zu den Sprunggelenken, reichlich mit Haar bedeckt und mit einem leichten Aufwärtsschwung. Sie darf in der Bewegung leicht erhoben werden, aber niemals über die Rückenlinie hinaus. Auf keinen Fall geknickt.

Gangart / Bewegung:
Geschmeidig, fließend und anmutig, mit Schub aus der Hinterhand, dabei größtmögliche Distanz bei geringster Anstrengung zurücklegend. Paßgang, kreuzende oder wiegende Gangart oder steife, stelzende Auf- und Abwärtsbewegung sind höchst unerwünscht.

Haarkleid:
Doppelt, das äußere Deckhaar besteht aus langem, hartem und geradem Haar. Unterwolle weich, kurz und dicht. Mähne und Halskrause sehr üppig. Vorderläufe gut befedert. Hinterläufe oberhalb der Sprunggelenke stark, unterhalb ziemlich kurz/glatt behaart. Das Gesicht kurz-/glatthaarig. Kurzhaarige Exemplare sind höchst unerwünscht.

Farbe:
Zobelfarben: Reinfarben oder in Schattierungen von hellem Gold bis zum satten Mahagoni, wobei die Schattierung kräftig getönt sein soll. Wolfsfarbe und Grau sind unerwünscht.
Tricolour : Tiefschwarz am Körper, vorzugsweise mit satten lohfarbenen Abzeichen.
Blue-merle: klares silbriges Blau, mit schwarzer Sprenkelung und Marmorierung. Satte lohfarbene Abzeichen werden bevorzugt, ihr Fehlen wird nicht bestraft. Große schwarze Flächen, schiefergrauer oder rostfarbener Anflug, sowohl im Deckhaar, wie auch in der Unterwolle sind höchst unerwünscht. Der Gesamteindruck muß von Blau geprägt sein.
Schwarz-Weiß und Schwarz mit Loh sind ebenfalls anerkannte Farben. Weiße Abzeichen dürfen (außer bei Schwarz mit Loh) als Blesse, am Halskragen, an der Brust, an der Halskrause, an den Läufen und an der Spitze der Rute vorhanden sein. Das Vorhandensein all dieser oder einiger dieser weißen Abzeichen soll bevorzugt werden (außer bei Schwarz mit Loh); das Fehlen dieser Abzeichen soll nicht bestraft werden. Weiße Flecken am Körper sind höchst unerwünscht.

Grösse:

Ideale Widerristhöhe:	Rüden:	37 cm
	Hündinnen:	35,5 cm

Eine Abweichung um mehr als 2,5 cm über oder unter diesem Maß ist höchst unerwünscht.

Fehler:
Jede Abweichung von den vorgenannten Punkten sollte als Fehler angesehen werden, dessen Bewertung im genauen Verhältnis zu Grad der Abweichung stehen sollte.

Anmerkung: Rüden sollten zwei offensichtlich normal entwickelte Hoden aufweisen, die sich vollständig im Skrotum befinden.

Der Bearded Collie

Die Geschichte des aus dem schottischen Hochland stammenden, rauhhaarigen „bärtigen Collie" ist mit der des aus den tiefer gelegenen Gebieten Schottlands kommenden Collies eng verbunden. Als Highland, Hairy Mou'ed oder Mountain Collie wurden sie Ende des 19. Jahrhunderts als wesentlich robuster, aber auch als eigensinniger als der Collie beschrieben.

Auch ihre Entstehung liegt wie bei fast allen Bauern- und Hütehunden im ungewissen. Wie die Collies wurden auch die Bearded Collies nur auf ihre Nützlichkeit hin gezüchtet. Zuchtprogramme, wie man sie heutzutage erstellt und verfolgt, waren für die Schäfer nicht nötig. Sie brauchten gute Hunde zum Arbeiten und paarten ihren Vorstellungen entsprechend.

Die überlieferte Geschichte sagt aber, daß vermutlich Polen, welche rege Handelsbeziehungen mit Schottland unterhielten und unter anderem Weizen gegen schottische Schafe eintauschten, ihre kleinen zottigen Hunde – die polnischen Niederungshütehunde (PON) – mitbrachten. Da diese Hunde beim Einschiffen der Schafe beste Arbeit leisteten und damit die schottischen Schäfer begeisterten, wurden zwei PON gegen einen erstklassigen Schafbock getauscht. Wie weit diese beiden PON aber die Zucht der Bearded Collies beeinflußt haben könnten, ist ungewiß.

Bearded Collies um 1900

Auch die Einkreuzung des an das schottische Hochland bestens angepaßten Deerhound ist durchaus denkbar.

Die Aufgabe des Bearded Collie war es, die Schafe mit viel Gebell von den Bergen zu treiben. Dabei durften weder Lämmer verloren gehen, noch Muttertiere sich verletzen. Auch störrische Widder mußten mit sanfter Gewalt nach Hause gebracht werden. Der Hund mußte stunden- und tagelang ohne jeglichen Kontakt zu seinem Meister in unwegsamem Gelände unterwegs sein.

Gesund, psychisch stabil, kräftig, zäh, wendig und ausdauernd mußte er sein und das Haarkleid mußte ihn vor Regen schützen und bei Kälte wärmen.

Im Gegensatz zum eleganten, allseits bekannten Collie kam der damals noch nicht ganz so attraktive Beardie, wie er heute liebevoll genannt wird, nicht in Mode. Großgrundbesitzer fanden Gefallen daran, auf ihrem Land Hirsche und Moorhühner zu jagen und damit wurde die Zahl der Schafzüchter, welche den Beardie als Hütehund noch hätten brauchen können, kleiner. Ja, der Bearded Collie geriet in Vergessenheit und nur sehr glücklichen Umständen ist es zu verdanken, daß einige wenige Exemplare die schweren Jahre der beiden Weltkriege wohlbehalten überstanden.

Aber auch dies hätte der Rasse wenig genützt, wäre da nicht eine Mrs. G.O. Willison gewesen.

Mrs. Willison hatte sich 1944 den damaligen Gepflogenheiten entsprechend bei einem Vertreter für landwirtschaftlichen Bedarf einen Sheltie-Welpen bestellt. Aus der Kiste krabbelte jedoch kein Sheltie, sondern ein braunes Wollknäuel, welches

»Jeannie of Bothkennar«

Mrs. G. O. Willison mit Bailia und Jeannie

sofort die Herzen der ganzen Familie eroberte und den Namen „Jeannie“ erhielt. Wenige Monate später traf Mrs. Willison einen alten Schäfer, der den Welpen als Bearded Collie erkannte und ihn gern gekauft hätte. Da der Welpe ohne Ahnentafel geliefert worden war, mußte Mrs. Willison viel Geduld und Ausdauer aufwenden, um die Eltern von „Jeannie“ ausfindig zu machen. Nachdem dies endlich gelungen war, ließ sie die Hündin Jahre später unter dem Namen „Jeannie of Bothkennar“ beim Kennel Club eintragen. Jeannie wurde die Stammutter der modernen Bearded Collie-Zucht.

Ebenso ungewöhnlich wie glücklich kam Mrs. Willison in den Besitz eines 16fi Monate alten Rüden. Am Stand vom Brighton sah sie den Rüden und konnte ihn von der Besitzerin, die in die Stadt umgezogen war und einen neuen Platz für den Hund suchte, übernehmen. Dieser Rüde, „Bailie of Bothkennar“, ist heute in allen Ahnentafeln vertreten.

Da die Zuchtbasis als enorm klein angesehen werden mußte, suchten befreundete Liebhaber des Bearded Collie, aber auch interessierte Züchter ständig und überall nach reinrassigen Beardies.

Bis 1972 gestattete der Kennel Club, rassetypische Hunde ohne Ahnentafel nach genauer Prüfung in die Zucht zu integrieren.

Vielen für den Bearded Collie glücklichen Umständen verdanken wir es, daß diese so herzerfrischende, lebenslustige, gesunde und schöne Rasse nicht in Vergessenheit geraten ist.

Die erste Champion-Hündin »Beauty Queen of Bothkennar«

Höhepunkt für die englische Bearded Collie-Zucht war, als 1989 die Hündin „CH. Potterdale Classic of Moonhill“, Freunden besser bekannt unter dem Namen „Cassy“, anläßlich der weltberühmten Crufts's den Titel „Best in Show“ gewinnen konnte. Für die Züchterin Mrs. Janet Lewis wie auch die Besitzerin Mrs. Brenda White war dies die höchste Ehrung innerhalb der kynologischen Welt.

An dieser weltberühmten, jährlich stattfindenden, größten europäischen Hundeausstellung – seit einigen Jahren findet sie nicht mehr in London, sondern in Birmingham statt – werden an vier aufeinanderfolgenden Tagen ca. 20 000 Hunde den Richtern vorgestellt. Der „Best in Show“-Gewinner, eben der beste aller ausgestellten Hunde, wird weltweit in allen kynologischen Zeitschriften publiziert und bringt der jeweiligen Rasse sehr viel Popularität.

Die verschiedenen Fellfarben des Bearded Collie

Vier Fellfarben bestimmen das Beardie-Bild: schwarz, blau, braun und fawn (sandfarben). Genetisch gesehen gibt es jedoch nur die beiden Farben schwarz und braun. Blau und fawn sind Varianten, welche aufgrund eines Erbfaktors die Verdünnung der Farbkörperchen im Haar bewirken.

Am besten ist die Farbe beim jungen Welpen zu erkennen. Schwarzgeborene haben schwarzes Nasenpigment. Bei den Blaugeborenen ist das Nasenpigment schiefergrau und bei den Braungeborenen ist es dunkler braun als bei den helleren Fawnfarbigen. Da die meisten Welpen im Alter von 6 – 10 Wochen aufhellen und die Farbe dann je länger je schwerer zu beurteilen ist, werden die Geburtsfarben heute in die Ahnentafel eingetragen. Im Alter von einem Jahr kann ein

Etwa sieben Wochen alte Welpen »De L'Arronderra« Die vier verschiedenen Farben sind noch sehr gut zu erkennen

schwarzgeborener Welpe eine undefinierbare hellgraue bis fast weiße Farbe haben, ebenso wie ein braungeborener Welpe. Auch schwarzgeborene Welpen, die im jugendlichen Alter von 1 bis 1fi Jahren ein wunderschönes sattes braunes Fell haben, sind keine Seltenheit. Erkennbar als Schwarzgeborene sind sie dann nur am tiefschwarzen Nasenspiegel und werden sich in der Fellfarbe wieder verändern. Auch die Augenfarbe (sie ist der Fellfarbe angepaßt) kann – aber muß nicht – Auskunft geben über die zu erwartende Fellfarbe. Beardies sind, einfach gesagt, Fellfarben-Wundertüten. Man weiß nie, wie sie werden. Hellgrau, dunkelgrau, schiefergrau, mittelgrau, blau, sandfarben, hell- oder dunkelbraun, alle Farben sind attraktiv und werden vom Beardie mit großer Eleganz getragen.

Ganz einfarbige Welpen werden selten geboren, dabei gibt es am Fang, auf dem Schädel, auf der Brust, an den Läufen und an der Schwanzspitze weiße Abzeichen. Weiß darf aber nur in begrenztem Masse vorhanden sein und ist im gültigen FCI-Standard genau beschrieben.

Auch wenn es diese offiziellen Farben gibt, ist kein Beardie in der Farbe gleich dem anderen. Vorhersehbar ist die Farbe des erwachsenen Hundes auch nicht. Die Erbanlagen werden durch sog. Modifikationen (Veränderungen) beeinflußt, was einen Wechsel der Schattierung hervorruft. Weiße Beardies waren früher und sind auch heute noch unerwünscht.

Der Bearded Collie heute

Der ehemals etwas unscheinbare, rauhhaarige Bearded Collie verwandelte sich seit Beginn der Reinzucht in einen wunderschönen, attraktiven Hund. Er ist sehr temperamentvoll, aber nicht nervös oder aggressiv. Fremden gegenüber benimmt er sich freundlich und unkompliziert.

Sein Kopf ist gut proportioniert und die im Farbton auf das Haarkleid abgestimmten Augen schauen sanft und liebevoll. Die Knochen sind kräftig, aber nicht schwer oder plump und stehen in gutem Verhältnis zum schlanken Körper-

*Gruppe »De Gouth-Noire«
Champion »Everlasting Love«
Champion »Charleston«
»Cadence«*

bau. Die tief angesetzte, lange Rute wird bei fröhlicher Bewegung ausgestreckt getragen und ist auch sonst fast immer in Aktion. Sein langes hartes Deckhaar ist zottig und die dichte Unterwolle weich und pelzig. Dieses doppelte Haarkleid bildet einen ausgezeichneten Schutz bei Wind und Wetter und darf nicht getrimmt werden. Überlanges, bis auf den Boden reichendes Haar ist ausgesprochen unerwünscht. Wichtig aber ist der typische Bart, dem diese Rasse den Namen „bärtiger“ Collie = „Bearded“ Collie verdankt.

Doris Grossenbacher mit Bearded-Collies »von der Elsternhöhe«

Zu wem paßt der Bearded Collie?

Wie die meisten Hütehunde ist auch der Bearded Collie ein ausgezeichneter Familienhund. Kindern ist er ein liebevoller Begleiter und nimmermüder Spielkamerad. Sein enormes Bewegungsbedürfnis macht ihn aber nicht zu einem einfachen zu haltenden Hund. Mindestens zwei Stunden pro Tag muß man ihm Gelegenheit zum Herumspringen, Toben und Laufen geben. Ist man hierzu nicht bereit oder in der Lage, so wird er den Garten umgraben, in der Wohnung alles auf den Kopf stellen und sich auch sonst noch viele kleine oder größere Dummheiten einfallen lassen. Sein ausgesprochen quirliges Temperament kann für weniger aktive Menschen zur Plage werden. Möchte man ihn jedoch regelmäßig zum Joggen mitnehmen, kann man sich keinen besseren Kollegen vorstellen. Die meisten Beardies werden sehr alt. 12- bis 14jährige Hunde, denen man das Alter weder ansieht noch anmerkt, sind keine Seltenheit.

Als immer freundlicher Hund geht er Streitereien mit Artgenossen wenn möglich aus dem Wege. Im Gegensatz dazu ist er aber jederzeit bereit, seine Familie und das dazugehörenden Eigentum wachsam gegen Gefahr zu verteidigen.

Erziehen läßt sich der Beardie gut und gern, sogar das Bellen kann unter Kontrolle gebracht werden, wenn es dabei liebevoll konsequent und nicht hart zu und her geht, denn Härte verträgt er nicht.

Für Agility ist er aufgrund seiner guten Auffassungsgabe, Spielfreudigkeit und Schnelligkeit bestens geeignet. Prüfungen zum Schutzhund, wie sie z.B. für den deutschen Schäferhund abgehalten werden, sollte man aber nie anstreben. Das Wesen des Beardies ist hierfür nicht geeignet.

Die Pflege des langen Fells ist zeitaufwendig,

Ferien am Meer

Multichampion »Something Else Je Reste Ici« – Richterin Brenda White,

aber nicht schwierig und wird in einem anderen Kapitel beschrieben

Liebhaber langhaariger Rassen, welche einen mittelgroßen, nicht zu schweren, springlebendigen, äußerst aktiven und langlebigen, gelehrigen Hund suchen, werden das Temperament und den Charme des Beardie genießen und mit ihm glücklich werden.

FCI-Standard Bearded Collie No. 271, 1.12. 1989

Bearded Collie

Ursprung: Großbritannien / 24.6.1987

Übersetzung: Frau Dr. Elke Jarnut

Allgemeines Erscheinungsbild:
Schlanker, drahtiger, aktiver Hund, länger als hoch im Verhältnis von ungefähr 5:4, gemessen vom vordersten Punkt des Brustbeins bis zu den Sitzbeinhöckern. Hündinnen dürfen geringfügig länger sein. Trotz kräftigen Körperbaus sollte der Hund einen guten Bodenabstand zeigen und nicht zu schwer wirken. Der aufgeweckte, forschende Ausdruck ist ein kennzeichnendes Merkmal dieser Rasse.

Charakteristika:
Aufmerksam, lebhaft, selbstsicher und aktiv.

Wesen:
Zuverlässig, intelligenter Arbeitshund, ohne Anzeichen von Nervosität oder Aggressivität.

Kopf und Schädel:
Kopf in richtigem Verhältnis zur Körpergröße. Schädel breit, flach und quadratisch. Der Abstand zwischen Stop und Hin-

terhauptbein ist gleich der Breite zwischen den Ohröffnungen. Der Fang ist kräftig und entspricht in der Länge dem Abstand zwischen Stop und Hinterhauptbein. Der Gesamteindruck ist der eines Hundes mit kräftigem Fang und einem Schädel der viel Raum für das Gehirn bietet. Mäßiger Stop. Nasenschwamm groß und quadratisch, meist schwarz, bei blauen und braunen Hunden jedoch normalerweise der Hautfarbe entsprechend. Nasenschwamm und Lefzen einfarbig ohne Tupfen oder Flecken. Die Pigmentierung der Lefzen und der Lidränder ist der Farbe des Nasenschwamms angepaßt.

Augen:
Im Farbton auf die Farbe des Haarkleides abgestimmt, weit auseinanderliegend und groß, sanft und liebevoll, nicht hervortretend. Augenbrauen nach oben und nach vorn gewölbt, jedoch nicht so lang, daß die Augen verdeckt werden.

Ohren:
Von mittlerer Größe und hängend. Bei Aufmerksamkeit heben sie sich im Ansatz bis zur Höhe des Schädels, aber nicht darüber hinaus und lassen den Schädel breiter erscheinen.

Fang / Gebiß:
Zähne groß und weiß. Kräftiger Kiefer, möglichst mit einem perfekten, regelmäßigen und vollständigen Scherengebiß, wobei die obere Schneidezahnreihe ohne Zwischenraum über die untere greift und die Zähne senkrecht im Kiefer stehen.
Zangengebiß erlaubt, aber nicht erwünscht.

Hals:
Mäßig lang, muskulös und leicht gebogen.

Vorhand:
Schultern gut schräg nach hinten liegend. Läufe gerade und senkrecht, mit kräftigen Knochen, rundherum mit zottigem Haar bedeckt. Vordermittelfuß biegsam, jedoch ohne Schwäche.

Körper:
Die Rückenlänge ergibt sich aus der Länge des Brustkorbs, nicht aus der Länge der Lendenpartie. Rücken gerade, Rippen gut gewölbt, aber nicht tonnenförmig. Lendenpartie kräftig, Brustkorb tief, mit viel Platz für Herz und Lunge.

Hinterhand:
Gut bemuskelt mit kräftigen Unterschenkeln, gut gewinkelten Kniegelenken und tiefstehenden Sprunggelenken. Der Hintermittelfuß steht im rechten Winkel zum Boden und befindet sich im normalen Stand gleich hinter einer von den Sitzbeinhöckern gedachten senkrechten Linie.

Pfoten:
Oval geformt mit gut gepolsterten Ballen. Zehen gewölbt und gut geschlossen, gut mit Haar bedeckt, auch zwischen den Ballen.

Rute:
Tief angesetzt ohne Knick oder Drehung und so lang, daß der letzte Rutenwirbel mindestens bis zu den Sprunggelenken reicht. Im Stand oder im Gehen niedrig mit einem Aufwärtsschwung an der Spitze, bei schnellerer Gangart auch ausgestreckt getragen. Niemals über dem Rücken getragen. Üppig mit Haar bedeckt.

Gangart / Bewegung:
Geschmeidig, gleichmäßig fließend und weit ausgreifend, bei einem Minimum an Anstrengung raumgreifend.

Haarkleid:
Doppelt, mit weicher, pelziger und dichter Unterwolle. Deckhaar glatt, hart kräftig und zottig, weder wollig noch lockig, obgleich eine leichte Wellung erlaubt ist. Länge und Dichte des Haarkleides ausreichend, um Schutz zu bieten und die Form des Hundes zur Geltung zu bringen, jedoch nicht soviel, daß die natürlichen Linien des Körpers verwischt werden. Das Haarkleid darf in keiner Weise getrimmt werden. Nasenrücken spärlich mit Haar bedeckt, wobei dieses an den Seiten etwas länger ist, gerade ausreichend, um die Lefzen zu bedecken. An den Wangen, den unteren Lefzen und unter dem Kinn nimmt das Fell zur Brust hin an Länge zu und bildet den typischen Bart.

Farbe:
Schiefergrau, rötlich rehfarben, schwarz, blau, alle Schattierungen von Grau, Braun und Sandfarben, mit oder ohne weiße Abzeichen. Wenn Weiß vorkommt, tritt es am Fang, als Blesse auf dem Schädel, an der Rutenspitze, auf der Brust, an den Läufen und an den Pfoten auf. Sofern es als Halskrause vorkommt, darf der Ansatz der weißen Haare nicht über die Schulter hinausreichen. Weiß sollte oberhalb der Sprunggelenke nicht an den Außenseiten der Hinterläufe auftreten. Leichte lohfarbene Abzeichen sind an den Augenbrauen, auf der Innenseite der Ohren, auf den Wangen, unter der Schwanzwurzel und an den Läufen an den Übergangsstellen zwischen Weiß und der Grundfarbe erlaubt.

Größe / Gewicht:

Ideale Schulterhöhe	Rüden:	53 bis 56 cm
	Hündinnen :	51 bis 53 cm

Gesamtqualität und Proportionen sollten vorrangig gewürdigt werden, übertriebene Abweichungen von der Idealgröße sollten jedoch nicht gefördert werden.

Fehler:
Jede Abweichung von den vorgenannten Punkten sollte als Fehler angesehen werden, dessen Bewertung im genauen Verhältnis zum Grad der Abweichung stehen sollte.

Anmerkung:
Rüden sollten zwei offensichtlich normal entwickelte Hoden aufweisen, die sich vollständig im Skrotum befinden.

Der Old English Sheepdog (Bobtail)

Die Geschichte des Old English Sheepdog (Bobtail) kann etwa 140 Jahre zurückverfolgt werden. Er wurde von Schäfern und Viehtreibern als robuster Arbeitshund gebraucht. Dabei spielte das Aussehen, wie bei allen alten Bauernhunden, eine sehr untergeordnete Rolle. Man vermutet, daß verschiedene zottighaarige Arbeitshunde aus dem Süden von England an der Entstehung beteiligt waren. Andere Vermutungen zielen dahin, daß der aus Schottland stammende Bearded Collie und der in England lebende Old English Sheepdog ein und den gleichen Ursprung haben. Gravierender Unterschied sei der Umstand, daß schottische Hunde lange Ruten und englische Hunde angeborene Stummelruten hatten oder kupiert wurden.

1873 wurden erstmals an der Hundeausstellung in Birmingham drei Exemplare vorgestellt und im Zuchtbuch des englischen Kennel-Club wurden 1875 die ersten zwei Hunde unter dem Namen „Short Tailes English Sheepdog" eingetragen. Für kurze Zeit wurden auch die Namen „Colley (English Short Tailed)" und „Sheepdog (Bob-Tailes)" gebraucht. Der erste Standard wurde 1885 erstellt und 1890 vom Kennel-Club anerkannt. Seit 1893 wird der nach wie vor gültige und anerkannte Name „Old English Sheepdog" verwendet.

Aus den Aufzeichnungen ehemaliger Züchter wird ersichtlich, daß immer wieder schwanzlose Welpen geboren wurden, die dem Old English Sheepdog seinen weit bekannteren Namen „Bobtail" verliehen.

Henry Arthur Tilley, 1880 Begründer des weltbekannten Zwingers „Shepton" und einer der wirklichen Pioniere der OES-Zucht, schrieb in seinem

Bobtail Sheepdog »Sir Cavendish« geb. 29. 5. 1887 – von seiner Mutter hatte er die angeborene Stummelrute geerbt

Buch „The Old English Sheep Dog“ zum Thema „Bob-Tail“ unter anderem, daß kupierte Hunde vermutlich als „Arbeitshunde“ anerkannt wurden und daher von Steuern befreit waren.
Die wörtliche Übersetzung von „Bob-Tail“ ist „gestutzter Schwanz“.
Im Gegensatz zu früher werden aber heute keine stummelschwänzigen Welpen mehr geboren.
In einigen europäischen Ländern besteht seit einiger Zeit das Ruten-Kupierverbot und auch die Importbestimmungen für kupierte Hunde sind gesetzlich geregelt. Ob man nun diese Gesetze versteht oder nicht, muß jeder für sich selbst entscheiden. Tatsache ist, daß sich das Bild und die Bewegung des Bobtail, wie wir und frühere Generationen ihn kannten, mit der belassenen Rute entscheidend verändern wird.

Der Bobtail heute

Der Bobtail ist der kräftigste aller englischen Hütehunde und präsentiert sich als überreich behaarter, kurzer und kompakter Hund von großer Ausgeglichenheit und Lebensfreude. Der Kopf ist groß und quadratisch, die Ohren klein und flach anliegend. Die Augen sind meistens braun, je dunkler je besser, aber zwei blaue Augen oder auch ein blaues und ein braunes Auge sind keine Seltenheit. Der bereits zitierte H.A. Tilley schrieb sogar, daß blaue Augen von den Schäfern in früheren Zeiten bevorzugt wurden. Es hieß damals, daß diese Hunde ihr Augenlicht nie verlieren würden. Pigmentierung an den Augenliedern ist erwünscht und die große Nase muß vollkommen schwarz sein. Die Vorderbeine stehen wie Säulen, gerade bis zu den kleinen Pfoten. Viel Wert wurde schon im ersten Standard auf Körper, Lendenpartie und Hinterhand gelegt, wie die alte Punkteskala beweist. Dies schließt die Rückenlinie ein: sie soll – anders als bei allen anderen Hütehunderassen – von der Schulter zur Lenden ansteigen. Am höchsten aber wurde die Fellqualität und deren Farbe bewertet und auch heute noch wird diesem typischen Merkmal des Bobtail größte Aufmerksamkeit gewidmet. Die Unterwolle soll wasserdicht sein und das Deckhaar profus, von harscher Textur und nicht gerade, aber wellig und ohne Locken.

Unkupierte Hündin »Anne Shirley of Farmer's Cottage Sunny Hill«

Rechte Seite unten: Besonders attraktiv: Pauls blaues Auge

Welpen werden schwarz-weiß geboren. Während sich das weiße Fell – der Kopf und die Vorderbeine sind meistens weiß mit oder ohne schwarze Abzeichen – nicht verändert, hellt sich das schwarze Fell ab dem Alter von 3 – 4 Monaten in grau auf. Manche Bobtails haben mit ca. 1 – 1fi Jahren eine sehr hellgraue, ja fast weiße Farbe. Dies verändert sich aber wieder und erst mit ca. 3 Jahren hat das Fell seine endgültige Farbe. Bei halbwüchsigen Jungtieren sind die Haarspitzen manchmal braun. Sobald sich die Welpenwolle löst und das Erwachsenenfell wächst, verschwindet meistens auch die braune Farbe.
Daß alle Arten von Schwarz, Grau oder Blau erlaubt sind, kann man am besten auf Hundeausstellungen nachvollziehen. Hier sieht man Hunde

»Argovian a step back the roots« Fergie und Fairweather from Beautiful Highland

»Pennylane Circus Royal«

in allen Altersklassen und hat so den besten Überblick und Vergleich.

Speziell ist die Bewegung dieses Hundes. Sie erinnert an Bären, welche sich langsam, eben „rollend“, bewegen. Der Bobtail ist ein ruhiger Hund und bellt nur, wenn es wirklich nötig ist, aber der scheppernde Ton – es hört sich an als ob der Bobtail in ein Faß bellt – ist dafür einmalig.

Nicht erwähnt wurde im ersten Standard das Wesen des Bobtail, wie man anhand der Punkteskala ersehen kann. Es war so sonnenklar, daß der Bobtail ein freundlicher, liebenswerter Hund, frei von jeder unbegründeten Aggressivität, eben ein typischer Hütehund sein würde, daß man gar nicht darüber nachdenken oder schreiben mußte. Im heute geltenden, von der FCI anerkannten Standard ist das Wesen beschrieben.

Wo sind die Schafe?

Punkte-Skala

Kopf	5 Punkte
Augen	5 Punkte
Ohren	5 Punkte
Zähne	5 Punkte
Kiefer	10 Punkte
Nase	5 Punkte
Hals & Schulter	10 Punkte
Körper, Lendenpartie & Hinterhand	20 Punkte
Beine	10 Punkte
Fell	15 Punkte
Farbe	10 Punkte
Total	100 Punkte

Für wen ist der Bobtail geeignet?

Bevor man sich für den Kauf eines Bobtails entscheidet, müssen einige Sachen genau überlegt und geklärt werden.
Der Bobtail ist ein sehr langhaariger Hund, was bedeutet, daß je nach Haarqualität des Hundes wöchentlich zwei bis drei Stunden nur für die Pflege aufgewendet werden müssen. Mit seinen dick behaarten Beinen und Pfoten bringt er Schmutz in die Wohnung und tägliches Staubsaugen wird sich kaum vermeiden lassen. Abgesehen davon kann man sich aber keinen besseren Familienhund wünschen.
Verschiedene Rassen werden als kinderfreundlich beschrieben. Beim Bobtail ist es wahre Liebe zum kleinen Geschöpf, Hüte- und Beschützerwille, der ihn immer wieder, wenn irgend möglich, zu Kindern hinzieht. Babys und Kleinkinder finden im Bobtail einen unermüdlichen Spielkameraden, der auch auf grobes An-den-Haaren-ziehen oder In-die-Nasenlöcher-greifen nie böse oder gar aggressiv reagiert.
Obwohl etwas dickköpfig, läßt sich der Bobtail gut erziehen. Für die Schutzhund-Ausbildung gibt es aber geeignetere Rassen. Der Bobtail liebt die Abwechslung, kann er sich doch bei unangenehmen Übungen plötzlich auf den Rücken schmeißen, mit den Beinen strampeln und den charmanten Clown spielen. Falls dies auf einer Prüfung passiert, wird man am besten darüber lachen und sich an den lustigen Charakter des Bobtails erinnern.
Der gepflegte Bobtail ist ein sehr attraktiver Hund, den niemand auf der Straße übersehen kann. Ihn selbst läßt diese Bewunderung jedoch kalt, denn er liebt bedingungslos nur „seine“ Familie. In diese Liebe eingeschlossen sind auch die dazugehörenden Katzen, Kaninchen, Meerschweinchen usw.
Er ist weder ein Raufer noch streitsüchtig gegenüber anderen Artgenossen. Kleinkinder verteidigt er mutig gegen jede Gefahr.
Wer einen echten Familienhund sucht und sich nicht vor der Fellpflege scheut, wird für ein Bobtail-Leben lang einen zuverlässigen Kameraden gefunden haben.

FCI-Standard Old English Sheepdog Nr. 16 / 28.8.1988 / D

Old English Sheepdog

Ursprungsland: Großbritannien

Übersetzung: Frau Patricia Hubert / Herr J. Pilz

Allgemeines Erscheinungsbild:
Kräftiger, quadratisch aussehender Hund, sehr symmetrisch, Gesundheit und Leistungsfähigkeit zeigend. Auf keinen Fall hochläufig, überall üppig behaart. Ein untersetzter, muskulöser, robuster Hund mit höchst intelligentem Ausdruck. Die natürliche äußere Linie sollte weder durch Scheren noch durch Schneiden künstlich verändert werden.

Charakteristika:
Mit großer Ausdauer ausgestattet, eine sanft ansteigende Rückenlinie aufzeigend, mit einem – von oben gesehen – birnenförmigen Körper. Beim Schlendern oder Gehen ist ein Rollen typisch in der Bewegung. Sein Bellen ist an einem speziellen Tonfall erkennbar.

Wesen:
Ein umgänglicher Hund mit ausgeglichenem Wesen, kühn, treu und vertrauenswürdig, ohne jegliche Zeichen von Nervosität oder unbegründeter Aggressivität.

Kopf und Schädel:
Im Verhältnis zur Körpergröße passend. Schädel geräumig, ziemlich quadratisch. Oberhalb der Augen gut gewölbt, Stop deutlich ausgeprägt. Vorgesicht kräftig, quadratisch und wie abgeschnitten, ungefähr halb so lang wie die Länge des Kopfes insgesamt. Nase groß und schwarz, mit weiten Nasenlöchern.

Augen:
Gut getrennt voneinander eingesetzt, dunkel oder „wall-eyes“, hierbei werden zwei blaue Augen akzeptiert. Helle Augen sind unerwünscht. Pigmentierung der Lidränder bevorzugt.

Ohren:
Klein und flach an den Seiten des Kopfes getragen.

Fang / Gebiß:
Kräftige, große und gleichmäßig stehende Zähne. Scherengebiß, kräftige Kiefer mit einem perfekten, regelmäßigen und vollständigen Scherengebiß, d.h. daß die oberen Schneidezahnreihe ohne Zwischenraum über die untere greift und die Zähne senkrecht im Kiefer stehen. Zangengebiß zulässig, jedoch unerwünscht.

Hals:
Ziemlich lang, kräftig, anmutig gebogen.

Vorhand:
Absolut gerade Vorderläufe, die den Körper gut vom Boden halten. Viel Knochensubstanz. Die Ellenbogen liegen dicht an der Brust an, die Schultern sollten gut zurückliegen und am Widerrist enger zueinander sein als an den Schultergelenken. Schwere Schultern unerwünscht. Der OES ist am Widerrist niedriger als an der Lendenpartie.

Körper:
Ziemlich kurz und kompakt, mit gut gewölbten Rippen und tiefer, geräumiger Brust.

Hinterhand:
Sehr stabile, breite und geringfügig gewölbte Lendenpartie. Oberschenkel gut gerundet und muskulös. Die Unterschenkel sind lang und gut entwickelt, Kniegelenke gut gewinkelt und die Sprunggelenke tief stehend. Von hinten betrachtet sollten Sprunggelenke mit Hintermittelfuß absolut gerade sein, die Pfoten weder nach innen noch nach außen drehend.

Pfoten:
Klein, rund und fest, die Zehen sind gut gewölbt. Ballen dick und hart. Afterkrallen sollten entfernt sein.

Rute:*
Üblicherweise vollständig kupiert.

Gangart / Bewegung:
Zeigt im Schritt ein bärenhaftes Rollen in der Hinterhand. Im Trab mühelose Streckung mit sehr kräftigem Schub, wobei die Läufe sich geradeaus in Laufrichtung bewegen. Sehr elastischer Galopp. Bei langsamen Geschwindigkeiten neigen einige Hunde zum Paßgang. In der Bewegung kann der Kopf in einer natürlichen niedrigen Position getragen werden.

Haarkleid:
Reichlich, von guter, harter Struktur. Nicht gerade, sondern zottig und frei von Locken. Die Unterwolle bildet ein wasserfestes Flor. Kopf und Schädel sind gut mit Haar bedeckt, die Ohren sind mäßig behaart, Hals gut, Vorderläufe rundherum stark behaart. Der hintere Teil ist noch stärker behaart als der Rest des Körpers. Qualität, Struktur und Fülle sind wichtiger als die Haarlänge.

Farbe:
Jede Schattierung von Grau, „Grizzle" oder Blau. Körper und Hinterläufe sind durchgehend einfarbig, dabei mit oder ohne weiße Socken. Weiße Flecken in diesem einfarbigen Teil des Haarkleides sollten nicht gefördert werden. Kopf, Hals, Vorhand und Unterbauch weiß, mit oder ohne Zeichnung. Jede Schattierung von Braun unerwünscht.

Größe:
61 cm und höher für Rüden, 56 cm und höher für Hündinnen. Typ und Symmetrie sind von größter Bedeutung und dürfen auf keinen Fall nur der Größe wegen geopfert werden.

Fehler:
Jede Abweichung von den vorgenannten Punkten sollte als Fehler angesehen werden, dessen Bewertung im genauen Verhältnis zum Grad der Abweichung stehen sollte.

Anmerkung:
Rüden sollten zwei offensichtlich normal entwickelte Hoden aufweisen, die sich vollständig im Skrotum befinden.

* Für die unkupierte Rute sind bis heute vom standardgebenden Kennel-Club keine Richtlinien herausgegeben worden.

Der Border Collie

Die Grenzregionen zwischen Schottland und England, Border Country, sind die namengebende Heimat des Border Collie.
Im 1790 erschienenen Buch „General History of Quadrupeds“ schreibt der Autor Bewick folgendes im Kapitel „Shepherd's Dog“: 'Diese Hunde kommen in größter Reinheit in den nördlichen Teilen von England und Schottland vor, wo ihre Hilfe höchst unentbehrlich ist, die unzähligen Schafherden, gezüchtet in diesen ausgedehnten Moor- und Hügelländereien, zu beaufsichtigen.'
Bewick sagt nichts über den Ursprung der Hunde, illustriert aber seine Äußerungen mit einem Holzschnitt, der einen schwarzen Collie mit weißer Halskrause und weißer Schwanzspitze zeigt. Einen richtigen, typischen Border Collie!
Als alter Bauern- und Schaftreiberhund hatte er seit jeher die verschiedensten Treib- und Hüte-Aufgaben und im Gegensatz zu den anderen englischen Hütehunden steht er auch heute noch voll im Gebrauch.
Im Border Country findet man weite Landschaften von unendlicher Ruhe und die riesigen Schafherden, heute handelt es sich dabei oft um ca. 1 500 Tiere oder auch mehr, mußten und müssen gehütet werden. Die 1866 erstmals in Schottland erstellte Statistik ergab eine Zählung von 5'255'077 Schafen, was als schlecht bezeichnet wurde. 1867 waren es 6'893'603 und 1868 wurden 7'112'112 Schafe gezählt.
Was es im Border Country nie gab, sind Weidezäune oder eingrenzende Hecken, wie wir sie aus anderen englischen Gegenden kennen. Dies erforderte einen überaus fähigen, intelligenten, robusten, schnellen und nicht zu schweren Hütehund.
Betrachtet man alte oder auch neue Bilder eines hütenden Border Collie, so fällt sofort die geduckte Haltung dieses Hundes auf. Im Gegensatz zu anderen Hütehunden läuft er schleichend, fast wie ein Jagdhund, mit nach vorn gestrecktem, tief gehaltenem Kopf an die Herde heran.
Die auffallendste Besonderheit des Border Col-

Wer ist der Stärkere? Es ist nicht unbedingt eine Schande für den Hund, wenn er zurückweichen muß.

lie aber ist, was die Schäfer mit „the eye" bezeichneten, besser gesagt, die Kraft oder das Können des Hundes, Schafe mit den Augen zu kontrollieren. Jeder gute Border Collie ist mit dieser Kraft geboren und braucht sie konsequent. Hunde ohne diese Kraft sind „Loose-eyed" und für die verlangte Arbeit nicht brauchbar. Am besten kann man diese spezielle Kraft beobachten, wenn der Hund das vom Schäfer bezeichnete Schaf fixiert und dieses wie angewachsen stehen bleibt.

„Das Auge" wurde bereits von James Hogg von Ettrick geb. 1771 und gest. 1835, genau beschrieben, ist aber sicher schon länger bekannt, da es für Hogg's Vater, der auch Schäfer war, ebenso selbstverständlich war.

Durch diese besondere Kraft und seine enorme Feinfühligkeit war und ist der Border Collie bestens geeignet, Schafe, aber auch Rinder, Enten oder Gänse zu treiben. Um den vielfältigen Arbei-

Lyn of Cumcarn, Gwynt Jan, Bronwen Shel – Typisch die schleichende Bewegung und die tiefe Kopfhaltung

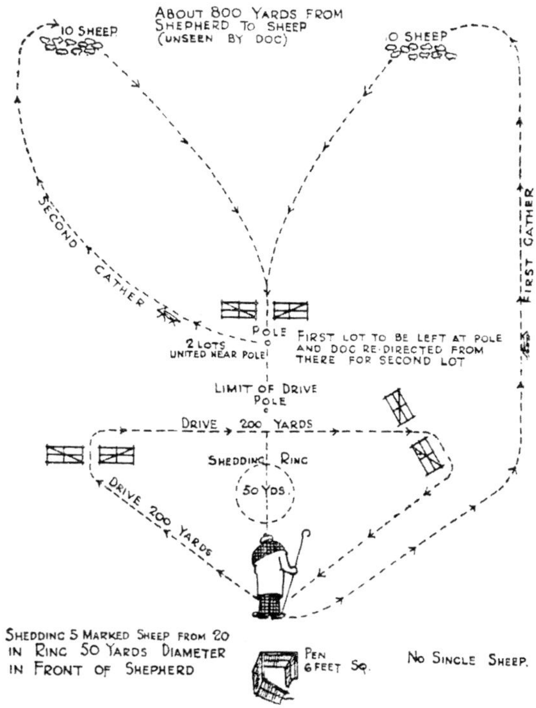

Course for »Singles« Championship at the International Sheep-Dog Trials.

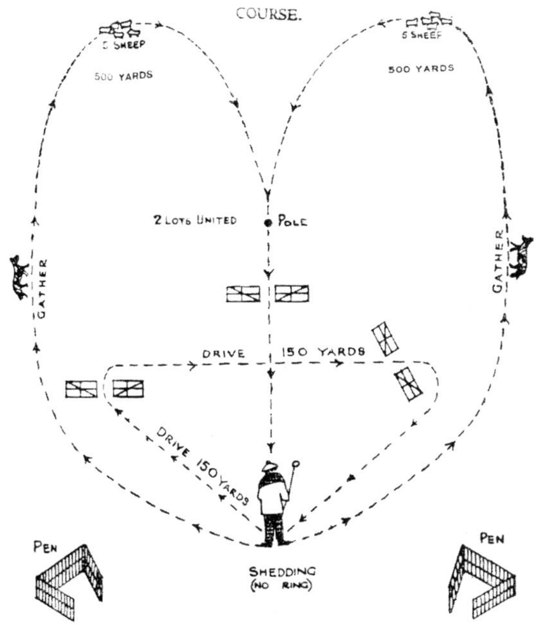

Course for »Doubles« Championship at the International Sheep-Dog Trials.

Original-Schemata von Sheep-Dog-Trials um 1900

ten gerecht zu werden, durften nur die besten Hütehunde zur Zucht verwendet werden und die Schäfer begannen schon vor 150 Jahren mit einer äußerst harten, nur auf den Gebrauch der Hunde hin ausgerichteten Zuchtauslese. Seit 1873 finden regelmäßig spezielle Hüte-Wettkämpfe, sogenannten „Sheepdog Trials“ statt. Hierbei muß der Hund eine Schafherde durch einen genau festgelegten Parcours mit verschiedensten Hindernissen in einer vorgegebenen Zeit treiben.
Zu den 1883 in Hawick stattfindenden Trials kam auch William Wallace, ein junger Schäfer aus Whitelea. Nur mit leisen Pfiffen dirigierte und stoppte er seinen Hund. Diese außerordentliche Leistung beeindruckte die anderen Teilnehmer und die Zuschauer. Einige begannen die Methode zu kopieren und waren so in der Lage, ihre Hunde auf Trials besser zu führen. William Wallace gewann 1907 den 1. Platz an den Internationalen Sheepdog Trials in Hawick mit „Moss“ und nochmals 1922 mit „Meg“. Ein anderer bekannter Hund war James Scott's „Kep“. Dieser gewann 1908 und nochmals 1909 an den Internationalen Sheepdog Trials in Edinburgh. „Kep“ gewann in seinem Leben 45 Preise und hatte sehr großen Einfluß auf die Rasse.
Heute gilt der Border Collie als der weltbeste Hütehund.

International Sheepdog Society (ISDS)

Um die hervorragenden Qualitäten des Border Collie zu fördern und vor allen Dingen zu schützen, gründeten 1906 einige Schäfer aus dem Border Country die „International Sheepdog Society“.
Diese noch heute aktive Gesellschaft begann, ein „Stud Book“ (Stammbuch der ISDS)) zu führen, in welches nur Hunde eingetragen werden und eine Nummer erhalten, deren Eltern bereits registriert sind, oder aber Hunde, die sich durch beste Resultate an den „Sheepdog Trials“ hervorgetan und so für sich und auch ihre Nachkommen die Stammbuch-Nummer im wahrsten Sinne des Wortes „erarbeitet“ haben.
Für die ISDS stand immer nur die hervorragende Arbeitsweise dieser Hunde im Mittelpunkt. Aussehen oder Gleichmäßigkeit der Rasse war und ist nie ein Thema gewesen.
Es kam, wie es kommen mußte. Der Border Collie wurde als Familien- und Ausstellungshund „entdeckt“. Aufgrund seiner Arbeits- und Lernfreudigkeit ist er für alle modernen Hundesportarten bestens geeignet und auch als Rettungs-, Sanitäts- oder Blindenhund leistet er vorbildliche Arbeit. Nach Absprachen zwischen der ISDS und dem Kennel-Club wurde der Border Collie 1976 als Rasse anerkannt. Die ISDS verfolgt jedoch weiterhin nur ihr Ziel, die besten Schaftreiber-Hunde zu züchten, und der Kennel-Club andererseits ist für den Standard und die Schönheitszucht zuständig.

Der Border Collie heute

Im Gegensatz zu den anderen Hütehunden hat sich der Border Collie in den vielen Jahren nur unwesentlich verändert. Als Rasse ist er jedoch auch heute noch nicht von sehr einheitlichem Typ.
Der Border Collie präsentiert sich als aufgeweckter, mittelgroßer, gut proportionierter Hund mit geschmeidigen Außenlinien, der den Eindruck von ausdauernder Leistung vermittelt. Weder Plumpheit noch Schwäche sollen dieses Bild stören. Kopf und Körper passen in allen Teilen hervorragend zusammen. Die Ohren sollen von mittlerer Größe sein und dürfen als Stehohren aufrecht oder, ähnlich dem Collie, halb aufrecht getragen werden.
Die Knochen sind kräftig aber keinesfalls grob oder zu fein. Die tief angesetzte Rute rundet die anmutigen Außenlinien und Harmonie des Hundes ab. Es gibt zwei verschiedene Fellvarietäten. Eine mäßig lange und eine stockhaarige, wobei bei beiden das Deckhaar dicht und die Unterwolle weich sein muß. Dies gibt dem Hund einen wetterfesten Schutz. Jede Art von Fellfarbe ist erlaubt, weiß darf jedoch nicht vorherrschen, denn Schafe werden gleichgültig und unempfindlich gegenüber weißen Hunden. Mit Angst reagieren sie auf ganz schwarze Hunde, da sie ihnen als schwarzer Schatten hinter sich erscheinen. Der schwarz oder andersfarbig und weiß gezeichnete Hund ist ein durch den Gebrauch bedingter guter Kompromiß.

Zu wem paßt der Border Collie?

Border Collies sieht man heute auf sehr vielen Agility-Veranstaltungen. Durch ihre Schnelligkeit und das Bedürfnis, ständig in Bewegung zu sein, gehören sie auch vielfach zu den Gewinnern dieser Wettkämpfe. Es darf aber nicht darüber hinweg täuschen, daß nicht jeder Border Collie von vorn herein ein „Wettkampf-Gewinner“ sein kann. Als auch heute noch im Gebrauch stehende Arbeitshunde müssen sie regelmäßig beschäftigt werden. Tägliches Spazierengehen ist zwar nötig, aber nicht ausreichend. Border Collies wollen arbeiten und nur sinnvolle Beschäftigungen entsprechen ihrer enormen Intelligenz. Der Agility-Sport ist hierfür natürlich bestens geeignet, aber auch als Sanitätshunde, Katastrophenhunde ja sogar als Drogensuchhunde und Lawinenhunde geben Border Collies ihr bestes. Eine andere sehr typische Beschäftigung bieten die von den verschiedenen Rasse-Clubs veranstalteten Schafhüte-Kurse und -Wettkämpfe. Wie beim Bearded Collie sollte man auch beim Border Collie auf Schutzhund-Kurse verzichten. Natürliche, aber ausgeprägte Aggressivität wie sie für die Verteidigung gewünscht wird, ist dem Border Collie fremd und darf, der Rasse zuliebe, auch nicht gefördert werden.

Ein Border Collie, der unterbeschäftigt ist, entwickelt eine ungeahnte Eigeninitiative. Er hütet Nachbars Hühner oder treibt Enten zusammen usw. Im Extremfall wird der sensible Border ohne ausfüllende Beschäftigung psychischen und physischen Schaden nehmen.
Wer sich daher mit dem Gedanken trägt, einen Border Collie zu kaufen, muß sich selbst sehr objektiv und kritisch prüfen. Denn nur sehr aktive Personen, mit der Bereitschaft, den größten Teil ihrer Freizeit täglich dem Border Collie zu widmen, um ihm ein seinen Fähigkeiten entsprechendes Leben bieten zu können, werden ihre Freude an dieser Rasse haben.

FCI-Standard Border Collie No. 297 / 08.09.1988 / D

Border Collie

Ursprungsland: Großbritannien

Übersetzung: ausgeführt durch Herrn Paschoud unter der Mitwirkung vom Komitee des Schweizerischen Hundeklubs für Border Collies.

Verwendung: Zu harter und ausdauernder Arbeit fähiger Herdenhund von guter Führigkeit.
Klassifikation FCI : Gruppe I (Schäferhunde).

Kurzer Geschichtlicher Überblick: Der Border Collie entstammt mittelalterlichen britischen Herdenhunden (Collies) und wurde in der neueren Zeit besonders in den Grenzgebieten zwischen Schottland und England, genannt Border Country, gezüchtet. Die Auslese wurde auf die einmalige Arbeit durch Fixieren mit dem Auge gerichtet. 1910 wurde die Rassenbezeichnung Border Collie geprägt. Die Rasse wird seit 1906 von der International Sheepdog Society (ISDS) für Schaftreiberarbeit betreut, und seit 1976 ist sie beim Kennel-Club als Rasse anerkannt.

Allgemeines Erscheinungsbild des Hundes:
Die allgemeine Erscheinung soll die eines gut proportionierten Hundes sein, wobei die geschmeidigen Außenlinien Qualität, Anmut und vollkommene Harmonie in Verbindung mit genügend Substanz zeigen, wodurch der Eindruck entsteht, daß der Hund zu ausdauernder Leistung fähig ist. Jegliche Tendenz zu Plumpheit oder Schwäche ist unerwünscht.

Wichtige Maßverhältnisse (Proportionen):
Oberkopf und Nasenrücken etwa gleich lang. Der Körper soll im Vergleich zur Schulterhöhe etwas länger sein.

Verhalten und Charakter:
Aufgeweckt, aufmerksam, führig und intelligent, weder nervös noch aggressiv.

Kopf
Oberkopf:
Schädel ziemlich breit, Hinterhaupthöcker nicht ausgeprägt.
Stop: Sehr ausgeprägt.

Gesichtsschädel
Nase: Schwarz, außer bei braunen oder schokoladenfarbenen Hunden, wo sie braun sein darf.
Bei blauen Hunden sollte sie schieferfarben sein. Nasenlöcher gut entwickelt.

Schnauze:
Fang sich zur Nase hin verjüngend, mäßig kurz und kräftig.

Backen:
Weder voll noch abgerundet.

Zähne und Kiefer:
Kräftig mit einem perfekten, regelmäßigen und vollständigen Scherengebiß, d.h. ein Gebiß, bei dem die Schneidezähne der Oberkiefers knapp über die Schneidezähne des Unterkiefers greifen, wobei sie senkrecht zum Kiefer gestellt sind.

Augen:
Weit auseinanderstehend, oval von mittlerer Größe und braun, außer bei Blue Merles, wo ein Auge oder beide teilweise oder ganz blau sein dürfen. Ausdruck sanft, aufgeweckt, aufmerksam und intelligent.

Ohren:
Ohren von mittlerer Größe und Textur, weit auseinanderstehend, aufrecht oder halb aufrecht getragen, ausdrucksvoll beweglich.

Hals:
Von guter Länge, kräftig und muskulös, leicht gewölbt, zu den Schultern hin breiter werdend.

Körper:
Körper von athletischem Aussehen.

Brust:
Tief und ziemlich breit. Rippen gut gewölbt.

Lenden:
Muskulös aber nicht aufgezogen.

Kruppe:
Breit und muskulös, von der Seite gesehen anmutig zum Rutenansatz hin verlaufend.

Rute:
Mäßig lang, mit ihrem letzten Wirbel mindestens bis zum Sprunggelenk reichend, tief angesetzt, gut behaart, mit einem Aufwärtsschwung am Ende, der die anmutige Außenlinie und Harmonie des Hundes abrundet. Erregungszustand kann die Rute höher, aber nie über dem Rücken getragen werden.

Hoden:
Die Rüden müssen zwei äußerlich normale gut in den Hodensack abgestiegene Hoden aufweisen.

Gliedmaßen
Vorderhand:
Vorderläufe von vorne gesehen parallel, Fesseln von der Seite betrachtet leicht schräg gestellt. Knochen kräftig aber nicht grob. Schultern gut zurückgelegt, Ellenbogen dicht am Körper anliegend.

Pfoten:
Pfoten oval, Ballen gut gepolstert, kräftig und gesund, Zehen gewölbt, eng aneinanderliegend, Krallen kurz und kräftig.

Hinterhand:
Oberschenkel lang, kräftig und muskulös, mit gut gewinkelten Kniegelenken und kräftigen tiefliegenden Sprunggelenken. Vom Sprunggelenk bis zum Boden starker Knochenbau. Hinterbeine von hinten gesehen parallel.

Gangwerk:
Die Bewegung soll frei, fließend und unermüdlich sein, wobei die Pfoten möglichst wenig abgehoben werden, damit sich der Hund schleichend und mit großer Geschwindigkeit bewegen kann.

Haarkleid
Beschaffenheit des Haares:
Zwei Fellvarietäten sind anerkannt, eine mäßig lange und eine stockhaarige. Bei beiden Varianten Deckhaar dicht und von mittlerer Textur, Unterwolle weich und dicht, was dem Border Collie einen wetterfesten Schutz verleiht. Bei der mäßig langen Fellvarietät bildet das reichliche Haarkleid Mähne, Hosen und Fahne. An Gesicht, Ohren, Vorderläufen (ausgenommen Federn) und Hinterläufen vom Sprunggelenk bis zum Boden soll das Haar kurz und glatt sein.

Farbe:
Eine Vielfalt von Farben ist erlaubt, wobei weiß nie vorherrschen soll.

Größe und Gewicht:
Idealhöhe: Rüden 53 cm. Hündinnen: etwas weniger.

Fehler: Jede Abweichung von den obengenannten Punkten soll als Fehler angesehen werden, wobei deren Gewichtung der Schwere des Fehlers Rechnung tragen soll.

Von der Generalversammlung vom 23. und 24. Juni 1987 in Jerusalem genehmigt.

Die Schafdiebe

Einige der besten Border Collies wurden in den frühen Zeiten der Schafzucht abgerichtet, um Schafe zu stehlen. Der schon zitierte James Hogg schrieb, daß die überlieferten Geschichten der Schafe stehlenden Hunde und deren Besitzern alles andere als leichtgläubig hingenommen werden könnten.
Ja, er war sogar der Meinung, daß diese Tiere leibhaftige Teufel seien. Um niemanden in Mißkredit zu bringen – es handelte sich offenbar teilweise um Farmer aus angesehenen Familien, die sich im Hintergrund hielten, aber ihre Schäfer beauftragten, fremde Schafe durch die Hunde stehlen zu lassen – schrieb er:
„Ich kann keine Namen nennen, da die Familien noch in unserem Lande leben, aber verschiedene Männer aus unserem Distrikt wurden während meiner Zeit gehängt. Ich bin sicher, daß alle diese Personen wußten, welchen Schaden die Hunde anrichteten."

Gruppe Border-Collies

Eine dieser Geschichten erzählt von einem jungen Mann, der mit dem Hund etliche Schafe seines früheren Arbeitgebers stahl und sie in Richtung Edinburgh trieb. Bevor er jedoch weit gekommen war, bekam er kalte Füße und verließ auf dem Rücken seines Pferdes die gestohlenen Schafe auf der Straße. Nachdem er ca. drei Meilen geritten war, hörte er Geräusche hinter sich und mußte zu seinem Schrecken feststellen, daß sein Hund zurückgerannt war und nun die Schafe in schnellstem Galopp zu ihm trieb. Der Dieb kam in Panik, verfluchte seinen eifrigen Hund und ritt schnell davon. Der Hund verstand dies natürlich nicht, und da ihm früher am Tag befohlen worden war, die Schafe zu treiben, brachte er sie auf dem langen Weg nach Hause. Als das Tageslicht anbrach, traute sich der Dieb nicht mehr, seinen Hund zu rufen, andere Farmer hätten ihn eventuell hören und den Diebstahl bemerken können. Er ritt einen großen Umweg und besuchte noch seine Schwester. Dort beim Frühstück sitzend, hörte er einen Knecht rufen, daß sein Hund mit den Schafen angekommen sei. Der Dieb wurde von seiner gestohlenen Ware eingeholt.
Er gab auf, brachte die Schafe zum Markt und verkaufte sie. Sein Verbrechen wurde schnell bekannt und er wurde gehängt.
Der Tod war angesichts des damaligen Wertes der Schafe eine gerechte Strafe für Schafdiebe und in Schottland bis 1828 durchaus üblich.
Nicht nur Männer, auch Jugendliche wurden zur Abschreckung auf diese Art bestraft.
Am 4. Februar 1602 wurde Thomas Steele wegen Schafdiebstahl gehängt.
Am 11. Juli 1623 wurde James Aitken erwischt, als er 16 Schafe vom Land in Craigingat stehlen wollte. Er wurde auf dem Castlehill (Schloßberg) von Edinburgh gehängt.

»Das Auge«

Am 26. November 1662 wurde John Watson gehängt, obwohl er den Wert der 40 gestohlenen Schafe zuvor ersetzt hatte.
Eine langjährige Diebstahlserie nahm am 26. März 1773 ihr Ende, als Alexander Murdison und John Miller wegen Schafdiebstahl und John Watson wegen Einbruchs in Grassmarket gehängt wurden. Der Hund „Yarrow", er war der außerordentlich clevere Schafdieb, hätte traditionsgemäß auch getötet werden sollen. Durch nicht näher beschriebene Umstände kam „Yarrow" jedoch zu einem anderen Schäfer, bei dem er ein normales Hütehund-Leben hätte führen sollen. Doch „Yarrow" konnte nicht normal hüten, er war ein „Ein-Mann-Hund" und durch die jahrelange Gewohnheit, für seinen Herrn Schafe zu stehlen, nicht mehr in der Lage, etwas anderes zu tun.
In Aberdeen wurde sogar im April 1818 James Ritchie, ein 17jähriger Junge, gehängt. Seine erste kriminelle Tat, 27 Schafe aus dem Park von Gordon Castle zu stehlen, kostete ihn das Leben.

Die Gesetze änderten sich und Schafdiebstahl wurde mit den Jahren als weniger schwerwiegend beurteilt.
Einige Schafdiebe retteten ihr nacktes Leben (zumindest kurzfristig) durch Dienst auf einem der Kriegsschiffe der Royal Navy.
Ein schottischer Schafzüchter von Loch Fyne mußte im Dezember 1937 für 9 Monate im Gefängnis von Dunoon Sheriff Court einsitzen. Er hatte seinem Nachbarn 57 Schafe entwendet.
100 Jahre zuvor hätte diese Straftat ihn vermutlich noch das Leben gekostet.

Noch etwas über die Schafe in Großbritannien

Die ersten Schafe kamen vermutlich aus Asien mit Einwanderern auf die britischen Inseln.
Die alten einheimischen Schafe aus den Bergen von Kerry, Irland, sahen noch aus wie Ziegen und

waren den nordasiatischen und den europäischen Schafen sehr ähnlich.
Die mehrere Hörner tragenden, rauh- und grobwolligen Schafe von den Küsten Schottlands und den kleinen vorgelagerten Inseln kamen ursprünglich von Island.
Die einheimischen, weiche Wolle tragenden Schafe aus Wales waren sehr wahrscheinlich noch älteren Ursprungs und ließen sich bis in die Kelten-Zeit des kontinentalen Europas zurückverfolgen. Aus den verschiedenen ursprünglichen Rassen wurden auf den britischen Inseln im Laufe der Zeit ca. 40 unterschiedliche Rassen herausgezüchtet.
Das alte gehörnte Norfolk-Schaf und das Blackfaced Mountain Sheep (Schwarzgesicht-Bergschaf) sehen sich, im Gegensatz zu früher, heute nicht mehr ähnlich. Vom Blackfaced, man nannte es damals das Schwarzgesicht-Heideschaf, ist überliefert, daß es seinen Weg in die Berge von Peak und Pennine fand und von dort aus weiter in den Norden von Schottland zog.
Die alte Southdown-Rasse zog andererseits in das südlicher gelegene Kreide-Heideland. Infolge des milderen Klimas und dem damit verbundenen leichteren Leben bildeten sich im Laufe der Jahre die Hörner der Schafe zurück.
Schwarzgesichtige Bergschafe gehörten seit Jahrhunderten zum Bild der hügeligen Landschaft des schottischen Border Country, fanden aber erst Mitte des 18. Jahrhunderts ihren Weg in den höheren Norden, als dort das schwarze Rindvieh nicht mehr in genügender Zahl gehalten werden konnte.
Das Cheviot-Schaf, beheimatet in den Cheviot-Bergen, kam ursprünglich mit der spanischen Armada nach Schottland. Nach Kreuzungen mit etwas schwereren Rassen avancierte es (für einige Zeit) zu einer der begehrtesten Rassen. Im Jahre 1867, anläßlich des halbjährlich stattfindenden Septembermarktes von Beattock, an dem Zuschauer und Käufer aus ganz Großbritannien und auch Amerika anwesend waren, erzielte der hervorragende Widder „Craighphadrig“ den vorher noch nie ausgehandelten Preis von £ 194.
Schafe wurden, und werden auch heute noch, als dumm, nachahmend, scheu und feige bezeichnet. Dies bezog sich, alten Autoren wie J.H. McCulloch zufolge, auf die Unkenntnis der Lebensweise von Schafen, sicher aber nicht auf die aktiven Bergschafe, die für ihre Art immer wieder genügend Intelligenz und Mut bewiesen hatten.
Kein Schaf, egal welcher Rasse, würde sich je ohne Grund mit einem Border Collie anlegen. Lediglich ein Mutterschaf, das sein Lamm gefährdet sah, würde sich gegen einen zu forschen Hund stellen. Es würde den Hund sogar attackieren und die kämpferischen Qualitäten zum Vorschein kommen lassen. Jeder arbeitende Border Collie war mit solchen Mutterschafen schon konfrontiert worden, und nur dem ausgezeichneten Charakter dieser Hunde war es zu verdanken, daß es zu keinerlei schweren Unfällen kam.
McCulloch schrieb sogar, daß es durchaus keine Schande für einen Border Collie war, vor einem wildgewordenen Mutterschaf Reißaus zu nehmen, anstatt sich die Zähne einschlagen zu lassen. Was hätte ein gut gezüchteter, intelligenter Hund überhaupt anderes tun sollen, wenn ihm sein Leben lang begreiflich gemacht worden war, daß es das schlimmste, unverzeihliche Verbrechen war, ein Schaf zu beißen.
Bergschafe waren sehr gute Kletterer und hatten einen ausgezeichneten Orientierungssinn. Die Schäfer folgten gern den von Herden ausgetretenen Routen durch unwegsames Gelände. Manchmal war dies für die Männer jedoch nicht möglich, da die Schafe, meistens einem alten Mutterschaf folgend, Wege über die Berge einschlugen, welche ohne Bergsteiger-Ausrüstung für Menschen nicht passierbar waren. Schafe vertrauten auf Alter, Weisheit und Erfahrung, was wiederum ihren Verstand bewies.

Verschiedene Kopfstudien von jungen Border-Collies

Auch über den ausgezeichneten Orientierungssinn der Schafe gab es viele Geschichten.
Die Schafdiebe Murdison und Miller, im vorhergehenden Kapitel wurde über sie berichtet, konnten nur aufgrund des Orientierungssinnes eines alten Mutterschafes gefaßt werden.
Eine andere, für alle Beteiligten gut ausgegangene Geschichte ist die folgende:
Ein schwarzes Mutterschaf lief mit seinem Lamm den langen Weg von Glen-Lyon, im Norden von Perthshire gelegen, zurück auf die Farm in Harehope, Tweeddale, von wo es verkauft worden war.
Kurz nachdem es in Glen-Lyon weggelaufen war, wurde das Ausreißen bemerkt und ein Schäfer hinterhergeschickt, um es wieder einzufangen und an seinen neuen Platz zurückzubringen. Der Schäfer folgte ihm den langen Weg bis nach Crieff, konnte es aber nicht einfangen und beschloß daher, umzukehren und wieder nach Hause zu gehen.
Auf dem ganzen Weg, den der Schäfer ihm gefolgt war, ließ sich das Schaf nicht zurück auf die Straße treiben. Es lief über Wiesen und Felder, durch fremde Schafherden, ohne diese zu beachten und wenn das Lamm sich zu weit von ihm entfernte, rief es mit lautem Geblöke. Es hatte den Anschein, als ob ein starker Magnet es nach Süden anziehen würde.
Unglücklicherweise erreichte es die Stadt Stirling am Morgen des jährlichen Marktes und beschloß, nicht weiterzugehen, da es in der überfüllten Stadt nicht sicher genug war für sie beide. Den ganzen Tag an der nördlichen Seite der Stadt wartend, wurde es von Hunderten von Personen, mit dem Lamm im Gras liegend, gesehen. Offenbar wollte das Schaf keinesfalls auch nur ein kurzes Stück des gleichen Weges zurück nach Norden gehen, den es gekommen war.
Am nächsten Tag beim Morgengrauen durchquerte es die Stadt, immer auf der Hut vor den sich rumtreibenden und bellenden Hunden. Es lief bis nach St. Ninians, wo es vor den Zollschranken gestoppt wurde. Der Zöllner ließ es dort nicht weiter, da er natürlich dachte, das Schaf sei ausgerissen und der Besitzer es schon in nächster Zeit wieder einfangen würde. Mehrmals versuchte das Schaf mit Gewalt, an den Schranken vorbeizukommen, wenn diese für Reisende geöffnet wurden. Immer ohne Erfolg. Irgendwann begriff es, daß es hier kein Weiterkommen gab, drehte sich um und wurde nicht mehr auf dem Straßenabschnitt gesehen.
So oder so, es fand einen Weg um die Zollschranken herum und erreichte den heimatlichen Stall in Harehope am 4. Juni. Da es sicher war, daß das Schaf die Farm von Lochs in Glen-Lyon am Donnerstagnachmittag oder Freitagmorgen der vorhergegangenen Woche verlassen hatte, mußte es neun Tage mit dem Lamm unterwegs gewesen sein.
Der Bauer in Harehope war sehr beeindruckt von dieser ausgeprägten Treue und dem Heimweh zu seinem Hof. Er zahlte dem Hochlandbauern das Geld zurück und ließ das Schaf auf seinen Wiesen, wo es das hohe Alter von 17 Jahren erreichte.

Welsh Corgi Pembroke und Welsh Corgi Cardigan

Wo sie herkommen und wie alt die Welsh Corgi aus Pembrokeshire und weiter nördlich aus Cardiganshire sind, kann heute niemand mehr beantworten. Es muß sich aber um viele Jahrhunderte handeln. Um 900 n.Chr. regierte in Wales der Herrscher „Howell Dha", auch bekannt unter den Namen „Howell the Good" oder „The Great Law Giver".

„Howell Dha" erließ etliche Gesetze, von denen noch einige im gültigen englischen Gesetz verankert sind. Unter diesen Gesetzen war eines, das

Welsh Corgi Pembroke um 1930

den momentanen Richtwert beim Verlust von Haustieren festsetzte. Ein „cattle dog" wurde gleich veranschlagt wie „ein junger Ochse von normalem Wert". Einem Hund und einem Ochsen den gleichen finanziellen Preis beizumessen, bezeugt eindeutig den damals enormen Wert und die Wichtigkeit eines guten Hütehundes.

In Wales gab es immer nur Welsh Corgis. Über andere Vieh-Hütehunde als wurde aus diesem Landesteil nie berichtet und die Meinung, daß es sich bei diesen Hunden um eine rein britische Rasse handelt ist weit verbreitet. Einige ältere Autoren glauben jedoch, daß die Welsh Corgis mit den ersten Römern ins Land kamen.

Viele walisische Bauern hatten einen Corgi, dessen Hauptaufgabe es war, die Kühe zu hüten, sie morgens auf das Feld zu treiben und abends wieder sicher nach Hause zu bringen. Wurde Vieh auf den Straßen nach London oder auf andere nördlichere Märkte getrieben, so wachte er bei Tag und bei Nacht über die ihm anvertraute Herde. Durch seine geschickte Art, die Kühe in die Fersen zu zwicken – nicht etwa ins Euter zu beißen oder sonstwo zu verletzen – und dann blitzschnell dem folgenden Huftritt auszuweichen, war er hierfür bestens geeignet.

Nicht nur zum Treiben und Hüten war er geeignet. Als unerschrockener Hund fing er Ratten und Mäuse, ja sogar gegen Dachse und Füchse stellte er sich erfolgreich. Es ist überliefert, daß einige Corgis zur Jagd mitgenommen wurden. Gab es für ihn keine Arbeit, spielte er mit den Kindern, bewachte den Hof oder lag beim Feuer, immer bereit für alles was auf ihn zukam.

Im Laufe der Jahrhunderte haben sich in Wales viele Legenden und Märchen um diesen kleinen, schon immer dagewesenen Hund gerankt und wurden von Generation zu Generation weitergegeben. Eine dieser Legenden beschreibt, wie die Corgis in das hügelige Land von Wales kamen: Zwei Kinder fanden beim Viehhüten zwei kleine Welpen, die sie für Füchse hielten. Sie brachten die Welpen nach Hause und hörten von ihren Eltern, daß diese Welpen ein Geschenk der Feen seien. Die Welpen wuchsen, wurden erwachsen und lernten, ihren menschlichen Kameraden bei der Arbeit mit dem Vieh zu helfen. Bis heute ist das die hauptsächliche Arbeit der Corgis geblieben. Wer dieses Märchen nicht glaubt, kann an den Schultern jedes Corgis die Stelle erkennen, auf dem die kleinen Sättel gelegen hatten, als die Feen angeritten kamen.

Ein anderes Märchen erzählt von verwunschenen Prinzen und verwunschenen Prinzessinnen, die in der Gestalt von kleinen Corgis leben.

Guy de Maupassant, der französische Dichter, gest. 1893, beschrieb viele Jahre vor seinem Tod einen kleinen Hund mit folgenden Worten: „Or le boulanger, qui savait les événements, apporta, un matin, dans sa voiture, un étranger petit animal tout jaune, presque sans pattes, avec un corps de crocodile, une tête de renard et une queue en trompette.“(Nun, der Bäcker brachte eines Morgens in seinem Wagen ein fremdes, kleines, ganz gelbes Tier, fast ohne Pfoten, mit dem Körper eines Krokodils, dem Kopf eines Fuchses und einem trompetenförmigen Schwanz.)

Schrieb er über einen Corgi? Was könnte es sonst gewesen sein!

Eine den Corgis ähnliche Rasse gab es in Lancashire. Diese Hunde waren klein und hatten oft leichtere Knochen. Viele dieser Hunde hatten Hänge- oder angekippte Ohren, weit weniger trugen Stehohren. Die Fellfarbe war meistens schwarz mit loh, für die Farmer von Lancashire die einzige korrekte Farbe. Rote oder auch sable-farbene Welpen wurden fast immer ausgemerzt. Diese Hunde hießen „Heeler“ oder „Lancashire Heeler“ und verrichteten die gleiche Arbeit wie Welsh Corgis.

„Heel“ ist das englische Wort für Ferse und „Heeler“ kann mit „auf den Fersen folgen“, „in die Fersen kneifen“ oder „Treiber“ übersetzt werden.

Es ist möglich, daß beide Rassen die gleichen Urahnen haben, speziell wenn man bedenkt, daß bei beiden immer wieder schwanzlose Welpen geboren werden. Seit 1981 ist der Lancashire Heeler vom englischen Kennel Club anerkannt.

Eine andere, sehr stark an den Corgi erinnernde Rasse sind die schwedischen Västgötaspets, auch Vallhund genannt. Bei diesen intelligenten Hunden handelt es sich ebenfalls um Viehhüter- und Treiberhunde, die um ca. 1880 in Schweden sehr verbreitet waren. Auch bei dieser Rasse werden immer wieder schwanzlose Welpen geboren. Es wird vermutet, daß der Västgötaspets keine rein schwedische Rasse ist, sondern von Welsh Corgis abstammt, die von Zeit zu Zeit mit den vielen Pferden von England nach Schweden gebracht wurden.

Der Name

Über die Entstehung des Namen „Corgi“ gibt es verschiedenste Theorien. Eine Theorie besagt, daß das Wort aus „Cor “ (= Zwerg) und „Gi“ (= Hund) zusammengesetzt ist, oder von „Cur“ (= über etwas wachen) abgeleitet worden sei. Andererseits kann „Corlan Gi“, zu übersetzen mit „Schafhürden-Hund“, für den Namen verantwortlich sein. Da Corgis aber immer Rinder hüteten und nur selten für Schafe verantwortlich waren, ist diese Möglichkeit mehr umstritten als andere.

In der walisischen Sprache hat das Wort „Corgi“ noch eine andere Bedeutung: „rascal“, eine liebevolle Bezeichnung für „Spitzbub“. Eine bekannte Phrase „Y Corgi Bach“ kann mit „Du kleiner Spitzbub“ übersetzt werden. Kenner der Rasse wissen, daß ein Corgi gern der liebenswerte Spitzbub ist und sind nicht verwundert, daß das Wort

Welsh Corgi »Dookie« (mit kurzer Stummelrute)
Ein Geschenk des Herzogs von York an seine Tochter, Prinzessin Elisabeth, heutige Königin von Großbritanien.
Mit freundlicher Genehmigung:
The Welsh Corgi League.

„Corgi“ zwei so verschiedene Bedeutungen haben kann.
Der Pembroke Corgi hatte bei den walisischen Farmern auch den Namen „Ci Sodli“. „Sodli“, das walisische Wort für „to heel“, beschreibt die Art des Corgi, die Kühen beim Treiben in die Ferse zu kneifen. Der Cardigan wurde „Ci Llathiad“, zu übersetzen mit „einen Yard lang“, genannt. Das

Aufmerksame Welsh Corgis

walisische Yard ist länger als das englische und beschreibt ungefähr die Länge eines normal gebauten Cardigan.
Die Mehrzahl von „Corgi“ ist „Corgwn“. Unsere heutige Schreibweise, „Corgis“ oder „Corgies“ ist jedoch schon so üblich, daß sie, obwohl falsch, vermutlich erhalten bleibt.
Korrekt ausgesprochen wird das Wort „Corgi“ mit einem rollenden R und hartem G, das O eher wie ein U, also „Currgi“. Die walisische Sprache ist eine ungewohnte, schwere Sprache und für nicht dort Ansässige ein unaussprechliches Aneinanderreihen von Buchstaben, wie man leicht an den Zwingernamen „Ysgyfarnog“, Glewlwyd“ und „Llyswen“erkennen kann.

Die Entwicklung zum Liebling der Nation

1925 wurde der englischen Welsh Corgi Club gegründet und die Rasse erstmals unter dem Namen Welsh Corgi auf einer Ausstellung gezeigt. Obwohl beide Varietäten bis 1933 als eine Rasse eingetragen wurden, war dieser Club nur für die Pembroke zuständig. Die Gründung der Cardigan Welsh Corgi Association fand 1926 statt.
Zu jener Zeit war der Corgi nur ein Bauern- und Arbeitshund. Einen einheitlichen Typ gab es noch nicht. Pembroke und Cardigan wurden miteinander gepaart und das Ergebnis waren große und kleinere, leichte und schwerere, kurzhaarige und langhaarige Hunde mit Fuchsschwanz und andere mit Stummelrute. Auch die Farbpalette war enorm. Erst als 1934 die beiden Varietäten getrennt wurden und einen eigenen Standard erhielten, kam langsam so etwas wie Ordnung in die Rassen.
Jeder Besitzer durfte seine Hunde unter der ihm richtig erscheinenden Bezeichnung einschreiben. Als „Pembroke“ wurden 240 Hunde und als „Cardigan“ 59 Hunde registriert.
Welsh Corgis wurden zu jener Zeit als unattraktive Rasse bezeichnet, es war sogar so schlimm, daß Zuschauer auf Hundeausstellungen der Meinung waren, es handle sich um Mischlinge.
Diese Einstellung änderte sich, als bekannt wurde, daß der Herzog von York, der spätere König Georg VI., seiner Tochter Prinzessin Elisabeth, der heutigen Königin, einen Pembroke Corgi-Rü-

den geschenkt hatte. Der Rüde „Rozawel Golden Eagle“ mit Rufname „Dookie“ begeisterte die königliche Familie so sehr, daß kurze Zeit später auch die Hündin „Jane“ im Buckingham Palace ihr Zuhause fand. Fortan waren Corgis auf Pressefotos mit der königlichen Familie zu sehen und sind bis heute die Lieblingshunde der Königin geblieben.
Die königliche Liebe zum Corgi verschaffte der Rasse eine große Popularität nicht nur in England, sondern auch im Rest von Europa, Amerika und Australien.

Der Welsh Corgi heute

Pembroke-Züchter hatten von Anfang an eine breitere Zuchtbasis als ihre Cardigan-Kollegen. So wurden 1938 z.B. 975 Pembroke, aber nur 78 Cardigan im Zuchtbuch registriert und 1946, nach dem Krieg, waren es 3142 Pembroke und 136 Cardigan. Dieses Verhältnis hat sich bis heute nicht verändert.
Am auffälligsten und auch für den Laien sofort erkennbar ist die Stummelrute des Pembroke bzw. die lange fuchsschwanzartige Rute des Cardigan. Der Cardigan hat einen wesentlich größeren Kopf und breitere Ohren, ist auch länger im Körper und außerdem insgesamt größer und kräftiger als der Pembroke. Die Vorderbeine des Pembroke sind gerade und die des Cardigan gekrümmt. Das Fell des Cardigan ist kürzer und härter und alle vorkommenden Farben sind erlaubt, solange weiß nicht dominiert. Bei den Pembroke gibt es die Farben rot, sable, rehfarben, schwarz mit Brand, mit oder ohne weiß an den Beinen, Brustbein und Hals. Etwas Weiß am Kopf und am Hals ist erlaubt. Wie schon gesagt, sind beim Cardigan alle vorkommenden Farben erlaubt. Dies schließt natürlich auch die äußerst attraktiven Farben „Gestromt“ und „Blue-merle“ ein.
Als um ca. 1880 die Bauern in Cardiganshire

Multichampion »Fireball de la Caverne des Anges«

große wirtschaftliche Probleme hatten und vielfach von Viehzucht auf Schafzucht überwechseln mußten, war der bis dahin so beliebte Corgi für die Arbeit nicht mehr brauchbar. Um einen Hund zu erhalten, der nicht fersenzwickenderweise versuchte, die Schafe zu hüten und sie damit nervös machte, kreuzten sie den Corgi mit dem alten Welsh Collie, der vermutlich für die Farbe „Bluemerle“ verantwortlich ist.
Auf die Gefahr bei Blue-merle-Paarungen muß noch ausdrücklich hingewiesen werden. Bei einfacher Anlage (Heterozygotie) bewirkt der Merle-Faktor die gewünschte, teilweise Pigmentaufhellung, bei doppelter Anlage (Homozygotie) aber einen fast völligen Pigmentverlust, der sich nicht nur optisch sondern vor allen Dingen gesundheitlich negativ auswirkt. Diese Hunde haben fast immer schwere Augen- und Gehörschäden. Um die Farbe zu erhalten, paart man, ohne jede Gefahr für die Nachkommen, Blue-merles mit Tricolours. Beide Rassen haben das gleiche unkomplizierte Wesen. Sie sind aufmerksam und neugierig, geschickt und robust, sofort anpassungsfähig in jeder Situation, ausgeglichen und wachsam.
In einigen europäischen Ländern, so auch in der Schweiz und seit kurzem in Deutschland, ist das Kupieren von Hunderuten verboten. Die Stummelschwänzigkeit ist beim Pembroke nicht immer angeboren, sondern viele Welpen werden kupiert. Stummelschwänzigkeit ist meistens mit einem Letalfaktor gepaart und so verbietet es sich, zwei stummelschwänzige Partner zu paaren. Die aus einer solchen Paarung hervorgehenden Welpen können eine doppelte Anlage (Homozygotie) für Stummelschwänzigkeit haben und sind dann nur bedingt lebensfähig. Lebensfähige Welpen mit kurzer Rute haben diese Anlage nur einfach (Heterozygotie) und aufgrund dessen keinerlei Probleme. Durch das Kupierverbot werden sich die mit Rute geborenen Pembroke, jede Länge kann vorkommen, optisch extrem verändern.

Cardigan-Corgie-Hündin Champion »Kilvewood Pie in the Sky« Foto: Russel Fine Art

Cardigan Corgi Champion »Deavitte Oakleaf«

Für wen ist der Welsh Corgi Pembroke oder Cardigan geeignet?

Der Corgi ist kein kleines Dekorationsstück sondern ein **großer** Hund in kleiner kompakter Größe mit ca. 9 bis 14 kg Gewicht.
Wie alle Hütehunde ist er anhänglich und feinfühlig, liebt seine Familie und ist Kindern ein guter Kamerad. Seinem Schutzinstinkt entsprechend, bewacht er unerschrocken Haus und Heim. Er ist nie aufdringlich, beansprucht sehr wenig Platz und ist leicht unter den Arm zu nehmen. Sein kurzes Fell muß nicht getrimmt werden und bei Regenwetter ist er schnell wieder trocken und sauber. Schon dies allein macht ihn zu einem angenehmen Wohnungs- und Hausgenossen.
Konsequente, liebevolle Erziehung und Beschäftigung dankt er mit erstklassiger Leistung. Corgis sind Temperamentbündel und werden nicht leicht müde. Sein wenig ausgeprägter Jagdinstinkt macht ihn auch im Wald zum angenehmen Begleiter und seine kurzen Beine hindern ihn nicht daran, einem Pferd über lange Zeit zu folgen.
An Obedience und Agility haben Corgis viel Spaß, sie starten in der „Mini"-Klasse.
Liebhaber kleiner, unkomplizierter, leicht zu pflegender Hunde mit großer Persönlichkeit werden im Welsh Corgi den besten Begleiter und einen treuen Freund finden.

Welsh Corgi (Pembroke)

Ursprungsland: Großbritannien

Übersetzung: Standardausschuß des VDH unter Mitwirkung von Herrn Uwe H. Fischer.

Allgemeines Erscheinungsbild:
Tiefgestellt, kräftig, robust, wachsam und lebhaft, in kleinem Format erweckt er den Eindruck von Substanz und Zähigkeit.

Charakteristika:
Dreist und geschickt.

Wesen:
Überlegen und freundlich, weder nervös noch aggressiv.

Kopf und Schädel:
Kopf fuchsähnlich in Form und Erscheinung, mit lebhaftem, intelligentem Ausdruck. Schädel zwischen den Ohren ziemlich breit und flach, mäßig ausgeprägter Stop. Länge des Fangs im Verhältnis zu der des Schädels wie drei zu fünf. Fang leicht spitz zulaufend. Nase schwarz.

Fang / Gebiß:
Kräftige Kiefer mit einem perfekten, regelmäßigen und vollständigen Scherengebiß, wobei die obere Schneidezahnreihe ohne Zwischenraum über die untere greift und die Zähne senkrecht im Kiefer stehen.

Augen:
Gut eingesetzt, rund, von mittlerer Größe, braun, der Fellfarbe angepaßt.

Ohren:
Aufgerichtet, mittelgroß, leicht abgerundet. Die Verlängerung einer gedachten Geraden von der Nasenspitze durch das Auge sollte in ihrer Verlängerung durch die Spitze des Ohres oder geringfügig daneben verlaufen.

Hals:
Angemessen lang.

Vorhand:
Vorderläufe kurz und so gerade wie möglich, Oberarme fest der Wölbung des Brustkorbs angepaßt. Bis zu den Pfoten hinabreichend kräftige Knochensubstanz. Ellenbogen gut an den Körperseiten anliegend, dabei weder lose noch zu fest. Schultern gut gelagert und im Winkel von 90° zum Oberarm stehend.

Körper:
Mittlere Länge, gut gewölbte Rippen, keine kurze Lendenpartie, von oben betrachtet sich leicht verjüngend. Gerade Rückenlinie. Brust breit und tief, gut zwischen den Vorderläufen herunterreichend.

Hinterhand:
Kräftig und geschmeidig, gut gewinkelte Kniegelenke. Läufe kurz, bis zu den Pfoten hinabreichende kräftige Knochensubstanz. Sprunggelenke, von hinten gesehen, gerade.

Pfoten:
Oval, kräftig, gut gewölbte und fest geschlossene Zehen, die beiden mittleren Zehen geringfügig vor den beiden äußeren stehend. Ballen kräftig und gut gepolstert. Nägel kurz.

Rute: *
(Vorzugsweise angeboren) kurz.

Gangart / Bewegung:
Frei und aktiv, weder lose noch gebunden. Vorderläufe, ohne daß sie zu hoch angehoben werden, gut nach vorne ausgreifend, dabei im Einklang mit dem Schub aus der Hinterhand.

Haarkleid:
Mittlere Länge, gerade mit dichter Unterwolle, niemals weich, wellig oder drahtig.

Farbe:
Einfarbig rot, sable, rehfarben, schwarz mit Brand, mit oder ohne Weiß an Läufen, Brustbein und Hals. Etwas weiß am Kopf und am Fang ist zulässig.

Größe / Gewicht

Schulterhöhe:	ca. 25,4 bis 30,5 cm
Gewicht: Rüden:	10 bis 12 kg
Hündinnen:	10 bis 11 kg

Fehler:
Jede Abweichung von den vorgenannten Punkten sollte als Fehler angesehen werden, dessen Bewertung im genauen Verhältnis zum Grad der Abweichung stehen sollte.

Anmerkung:
Rüden sollten zwei offensichtlich normal entwickelte Hoden aufweisen, die sich vollständig im Skrotum befinden.

* Für die unkupierte Ruten sind bis heute vom standardgebenden englischen Kennel Club keine Richtlinien herausgegeben worden.

FCI-Standard Welsh Corgi (Cardigan) No. 38 / 30.05.1989 / D

Welsh Corgi (Cardigan)

Ursprung: Großbritannien / 24. 06. 1987

Übersetzung: Frau Dr. Ilse Koch unter der Mitwirkung von Herrn Uwe H. Fischer.

Allgemeines Erscheinungsbild:
Stabil, robust, beweglich, zu Ausdauer befähigt. Lang im Verhältnis zur Höhe. Rute fuchsschwanz-ähnlich, in einer Linie mit dem Körper angesetzt.

Charakteristika:
Wachsam, aktiv und intelligent.

Wesen:
Wachsam, intelligent, ausgeglichen, weder scheu noch aggressiv.

Kopf und Schädel:
Kopf in Form und Aussehen fuchsartig. Schädel zwischen den Ohren breit und flach, er verjüngt sich zu den Augen hin, über denen er leicht gewölbt ist. Mäßiger Stop. Länge des Fangs im Verhältnis zu der des Schädels wie drei zu fünf. Der Fang verjüngt sich allmählich zur Nase hin; diese ragt etwas vor und ist auf keinen Fall stumpf. Der Unterkiefer ist ebenmäßig, kräftig, aber nicht zu auffällig. Nase schwarz.

Fang / Gebiß:
Starke Zähne, Scherengebiß, wobei die obere Schneidezahnreihe ohne Zwischenraum über die untere greift und die Zähne senkrecht im Kiefer stehen.

Augen:
Mittelgroß, klar, mit freundlichem, aufgewecktem aber wachsamen Ausdruck, ziemlich weit voneinander mit klar gezeichneten Augenwinkeln eingesetzt. Vorzugsweise dunkel oder mit der Farbe des Haarkleides harmonierend. Lidränder dunkel. Blaßblaue, blaue oder blaugesprenkelte Augen (eines oder beide) sind ausschließlich bei Blue-Merles zulässig.

Ohren:
Aufrecht, ziemlich groß im Verhältnis zur Größe des Hundes. Spitzen leicht abgerundet, im Ansatz mäßig breit und ungefähr 9 cm voneinander entfernt, gut nach hinten angesetzt, so daß sie der Länge nach auf den Hals gelegt werden können. Sie werden so getragen, daß sich die Spitzen etwas außerhalb einer gedachten Linie von der Nasenspitze durch die Augenmitte befinden.

Hals:
Muskulös, im Verhältnis zum Gebäude des Hundes gut entwickelt und mit harmonischem Übergang in die gut schräg gelagerten Schultern.

Vorhand:
Schultern gut gelagert, zum Oberarm in einem Winkel von ungefähr 90° stehend, muskulös. Die Ellenbogen liegen dicht an den Seiten des Brustkorbes an. Bis zu den Pfoten hinabreichende kräftige Knochensubstanz. Läufe kurz, allerdings muß der Körper noch über eine gute Bodenfreiheit verfügen. Unterarme leicht gebogen, um sich der Wölbung des Brustkorbes anzupassen. Pfoten leicht nach außen gedreht.

Körper:
Brustkorb mäßig breit mit betontem Brustbein. Rumpf ziemlich lang und kräftig mit tiefer Brust, gut gewölbten Rippen und sich deutlich abzeichnender Taille. Rückenlinie gerade.

Hinterhand:
Kräftig, gut gewinkelt und gestellt, mit muskulösen Ober- und Unterschenkeln. Bis zu den Pfoten hinabreichende kräftige Knochensubstanz. Läufe kurz. Hintermittelfuß, im Stand von der Seite von hinten gesehen, senkrecht stehend.

Pfoten:
Rund, geschlossen, ziemlich groß, mit gut gepolsterten Ballen. Afterkrallen müssen entfernt werden.

Rute:
Ähnlich der Rute eines Fuchses, in einer Linie mit dem Körper angesetzt, mäßig lang (den Boden berührend oder fast berührend). Im Stand niedrig getragen darf sie in der Bewegung leicht über Körperhöhe erhoben, jedoch nicht über den Rücken gerollt getragen werden.

Gangart / Bewegung:
Frei und aktiv. Ellenbogen den Körperseiten dicht angepaßt, dabei aber weder lose noch zu fest anliegend. Vorderläufe, ohne daß sie zu stark angehoben werden, gut nach vorne ausgreifend, dabei im Einklang mit dem Schub aus der Hinterhand.

Haarkleid:
Kurz oder mittellang, von harter Textur, wetterfest mit guter Unterwolle. Vorzugsweise glatt.
Jede Farbe, mit oder ohne weiße Abzeichen. Weiß sollte jedoch nicht vorherrschen.

Größe / Gewicht:
Ideale Schulterhöhe : 30 cm.
Gewicht proportional zur Größe, wobei eine ausgewogene Gesamterscheinung von vorrangiger Bedeutung ist.

Fehler:
Jede Abweichung von den vorgenannten Punkten sollte als Fehler angesehen werden, dessen Bewertung im genauen Verhältnis zum Grad der Abweichung stehen sollte.

Anmerkung:
Rüden sollten zwei offensichtlich normal entwickelte Hoden aufweisen, die sich vollständig im Skrotum befinden.

Der Erwerb eines Hütehundes

Hund – ja oder nein

Vor und nicht erst nach dem Kauf eines Welpen, muß Verschiedenes gut überlegt und abgeklärt werden.
Ist man Besitzer eines Eigenheimes, muß man nur auf die Nachbarn Rücksicht nehmen. Unter Umständen muß der Garten eingezäunt werden. Wohnt man aber in einer Mietwohnung, ist genaustens abzuklären, ob der Vermieter mit der Haltung von Hunden einverstanden ist. Steht die Erlaubnis nicht im Mietvertrag, läßt man sie sich am besten schriftlich bestätigen. Wohnt man in einer sehr hellhörigen Wohnung, oder sind die Nachbarn sehr lärmempfindlich, so wendet man sich am besten einer nicht so bellfreudigen Rasse zu.
Der Collie, der Beardie und der Bobtail sind langhaarige Hunde, was bedeutet, daß je nach Rasse, etliche Zeit nur für die Fellpflege aufgewendet werden muß. Auch die kurzhaarigen Hunde haben eine regelmäßige, wenn auch nicht so zeitraubende Pflege nötig.
Soll der Hund nicht nur Familienhund sein, sondern auch auf Ausstellungen gezeigt werden, ist je nach Haarqualität und Alter des Hundes mehr Zeit einzukalkulieren. Man muß bedenken, daß in unserem oft feuchten Wetter die Pfoten, auch bei den kleinen und den kurzhaarigen Hunden, regelmäßig gereinigt und getrocknet werden müssen.
Ein anderes Problem können Verdauungsstörungen sein. Ist man nicht ohne weiteres in der Lage, einen verdreckten, dicken Po auszuduschen und zu säubern, sollte man sich unbedingt für eine kurzhaarige Rasse entscheiden.
Hundehaare können zur Last werden, wenn sie regelmäßig von Kleidern entfernt werden müssen. Auch tägliches Staubsaugen kann die Liebe zu einem Hund unter Umständen belasten.
Man muß sich überlegen, ob im Auto noch Platz ist und wer allenfalls als Hundesitter während der Ferien engagiert werden könnte. Es ist zu bedenken, ob die Kinder schon so groß sind, daß sie Verständnis für ein neues Familienmitglied aufbringen, oder ob man ein Baby überhaupt mit einem Hund spielen lassen möchte. Man muß sich überlegen, ob man für die nächsten zehn bis fünfzehn Jahre regelmäßig, auch bei Regenwetter, spazieren gehen will und ob die Lebens- und Wohnsituation einem die Möglichkeit gibt, dem Hund ein artgerechtes Leben zu ermöglichen.
Alle englischen Hütehunde sind zwar robust, jedoch mit einer sehr feinen Psyche ausgestattet. Sie sind liebenswerte, fröhliche Hausgenossen und für Kinder nicht zu ersetzende treue Begleiter. Sie lieben und behüten IHRE Familie und verteidigen sie bei allfälliger Gefahr. Es sind anschmiegsame, aber nicht aufdringliche, teilweise sogar zurückgezogene Hunde, welche viel Liebe und Zuneigung brauchen.

Der Kauf eines Welpen

Hat man sich definitiv für eine Rasse entschlossen, ist der nächste Schritt die Suche nach einem guten Züchter. Am besten erkundigt man sich beim jeweiligen Landesverband (SKG, VDH, ÖKV) oder beim Rasseklub. Man erhält so die Adressen der verschiedenen Züchter, welche Welpen haben oder in nächster Zeit erwarten.
Mit etwas Glück ist in der Nähe gerade ein Wurf abzugeben, meistens jedoch muß man mit einer

längere Anfahrt zum Züchter rechnen. Es ist jedoch sowieso besser, mit verschiedenen Züchtern Kontakt aufzunehmen und sich deren Hunde anzusehen. Nur so, im Vergleich, kann man herausfinden, wo man SEIN Hundebaby am liebsten erwerben möchte. Es ist zweifelsfrei lohnenswert, auch Hundeausstellungen zu besuchen und die Ereignisse in den Ringen zu beobachten. Hier erhält man einen Eindruck, wie die verschiedenen Rassen aussehen und sich präsentieren können. Man sieht Hunde in verschiedenen Altersklassen beiderlei Geschlechtes und kann nach dem Richten – bitte erst dann, vorher sind alle etwas hektisch und gestreßt – mit verschiedenen Züchtern ein paar Worte wechseln. Wenn folgende Fragen zufriedenstellend beantwortet werden können, hat man einen Züchter gefunden, bei dem man einen Welpen erwerben kann:

Ist er Mitglied des vom Landesverband anerkannten Rasseklubs; hält er die Zuchtbestimmungen ein? Hat man persönlich gesehen, daß die nötige Zeit und Liebe für die Aufzucht der Welpen vorhanden ist? Haben die Welpen viel Platz zum Spielen; können sie bei schönem Wetter draußen herumtollen, müssen aber bei Regen nicht in einem kleinen Abteil sitzen?

Ist im Umfeld der Welpen viel Betrieb, lernen sie also schon in den ersten Wochen das Leben kennen, oder werden sie eher abgeschieden von Umwelteinflüssen aufgezogen und verpassen so die ersten wichtigen Phasen ihres Lebens?

Hat man gesehen, daß auch die älteren Hunde zum Züchter Vertrauen haben?

Hat man vor allen Dingen selbst Vertrauen in den Züchter und findet man ihn so sympathisch, daß man über die nächsten Jahre hinweg mit ihm Kontakt pflegen kann?

Ein seriöser Züchter wird im Gegenzug abklären wollen, ob die gewählte Rasse wirklich ideal für den Interessenten ist, ob dieser bereit ist, alle Konsequenzen mit einem Hund zu übernehmen; ob nicht alle Familienmitglieder ganztägig auswärts sind und genug Platz in Wohnung oder Haus vorhanden ist. Kurz gesagt, ob der Hund den Wünschen und Bedürfnissen des künftigen Besitzers entspricht und ob dieser den Bedürfnissen der Rasse Rechnung tragen kann.

Rüde oder Hündin

Hat man keine züchterischen Ambitionen, ist es am einfachsten, sich von der Sympathie zu einem bestimmten Welpen leiten zu lassen. Jeder Welpe hat seine eigene Persönlichkeit und auch in der Zeichnung ist keiner dem anderen gleich. Mit Vorteil verbringt man einige Zeit beim Wurf, um sich dann definitiv für einen bestimmten Welpen entscheiden zu können. Rüden und Hündinnen sind gleichermaßen anhänglich und treu. Die Verschiedenheiten bestehen jedoch in der Größe und im Sexualverhalten.

Der Rüde wird, wie man im offiziellen Standard nachlesen kann, größer, kräftiger und imposanter. Dem langhaarigen Rüden muß man regelmäßig den Bauch und die Innenseite der Schenkel abduschen, da er, wenn er das Bein hebt, sich ab und zu bespritzt.

Die Hündin, meistens etwas kleiner und leichter, wird normalerweise zweimal pro Jahr läufig. In diesen drei Wochen blutet sie und verbreitet Gerüche, welche bei Rüden den Fortpflanzungstrieb auslösen. Viele Hündinnen sind in dieser Zeit etwas lustlos oder müde und werden mit Vorteil mehrheitlich zu Hause gelassen. Es gibt Hündinnen, die sich perfekt putzen, andere tun es nicht und müssen daher vom Besitzer mit warmem Wasser und Seife gereinigt werden.

Ein guter Züchter wird bei der Auswahl des Welpen gern beratend helfen, kennt er doch seine Welpen und deren Verhalten am besten.

Hat man sich definitiv für einen Welpen entschieden, ist es wichtig, ihn möglichst regelmäßig zu besuchen. Der kleine Kerl lernt so schon im Spiel und in seiner vertrauten Umgebung seine neue Familie kennen und geht am Abgabetag mit Freuden und unerschrocken mit. Wenn der Züchter nichts dagegen hat, sollte man für die letzten paar Tage ein altes Handtuch, einen alten Pullover oder ähnliches beim Wurf lassen und erst mit dem Welpen wieder mit nach Hause nehmen. Der heimatliche Geruch gibt dem Welpen dann Geborgenheit und Wärme und wird ihm das Einleben in die neue Umgebung wesentlich erleichtern.

Die Entwicklung des Welpen

Um beurteilen zu können, ob sich die Welpen in einer Zuchtstätte an Leib und Seele gesund entwickeln, sollte man gewisse Vorkenntnisse besitzen.

Je nach Rasse kommen die Welpen mit etwa 200 bis 500 Gramm Gewicht auf die Welt. Meistens sind es mehrere Welpen. Bei den Beardies erkennt man die Farben Schwarz und Blau aber auch Braun und Sandfarben hauptsächlich am dunkleren oder helleren Nasenpigment. Das Fell der Bobtails ist bei der Geburt noch schwarz und weiß und hellt erst mit zunehmendem Alter auf.

Die ersten drei Wochen werden die Welpen von der Mutter rund um die Uhr betreut. Schlafen, zur Mutter robben, trinken, geputzt werden und wieder schlafen, diese Tätigkeiten bestimmen den Tagesablauf. Da die Welpen weder Harn noch Kot selbständig absetzen können, müssen sie von der Mutter regelmäßig geleckt und geputzt werden. Sie hält so auch das Wurflager peinlich sauber. Im Alter von etwa 14 Tagen öffnen die Welpen die Augen und versuchen, sich auf den Beinen vorwärts zu bewegen. Mit drei Wochen beginnen sie, sich für die Welt außerhalb der Wurfkiste zu interessieren. In dieser Zeit brechen auch die Milchzähne durch und die ersten Spielversuche werden unternommen. Aus den kleinen umherrobbenden Welpen werden drollige, noch nicht ganz standfeste junge Hunde.

Ab der dritten oder vierten Woche, abhängig von der Wurfgröße und der mütterlichen Milchmenge, erhalten sie die erste Zusatznahrung und werden langsam von der Mutter entwöhnt. Sie ist jedoch für die Betreuung und Erziehung unentbehrlich. Die Welpen vertrauen ihr bedingungslos und lernen so auf einfache Weise artgerechtes Verhalten.

Um die Sozialisierungsphase zu unterstützen ist es nötig, daß auch der Züchter jetzt viel Zeit mit den Welpen verbringt, ihnen immer wieder neue Spielvarianten offeriert und sie mit der Umwelt und anderen Menschen vertraut macht.

Welpen, welche zwar sauber, aber fernab von allem Geschehen aufwachsen, verpassen diese sehr wichtige Phase ihres Lebens und werden es wesentlich schwerer haben, sich zu einem guten Familienhund zu entwickeln.

Ab der sechsten Woche entdecken die Welpen die Welt. Sie tollen herum, freuen sich des Lebens und sind allem Neuen gegenüber sehr aufgeschlossen. Jetzt finden die ersten Rangkämpfe statt, bei denen die Mutter nur ausnahmsweise eingreift, dann aber alle Welpen maßregelt. Die Welpen lernen dadurch, sich einem erwachsenen und daher ranghöherem Hund korrekt unterzuordnen. Der aufmerksame Züchter wird jetzt in der Lage sein, mehr über den Charakter des einzelnen Welpen auszusagen. In den ersten Lebenswochen sollen Welpen aussehen wie Zigarren: Prall und rund! Im Alter von zehn Wochen steht ihnen eine gewisse Rundlichkeit noch recht gut, keinesfalls sollten sie einen mageren Eindruck machen. Ab der zehnten Woche, die Welpen sind jetzt richtige kleine Hunde, werden sie in die Obhut ihrer neuen Familie entlassen.

Der große Augenblick der Abgabe rückt näher!

Bis es aber soweit ist, müssen noch einige Dinge geregelt und erledigt werden.
Halsband, Leine, Bürste, Freßnapf und verschiedenes Spielzeug wie Büffelhautknochen und Tennisbälle müssen besorgt werden.

Der Schlafplatz

Man muß sich überlegen, wo der Welpe die ersten Nächte schlafen soll. Die eine Möglichkeit ist ein warmer Raum mit gut zu reinigendem Boden, damit allfällige kleine Geschäfte nicht zum großen Problem werden. Die zweite und sicher bessere Möglichkeit ist, den Welpen auf einer Decke neben dem Bett schlafen zu lassen. Er spürt so die Nähe des Menschen und hat nicht das Gefühl, total verlassen zu sein. Mit der Zeit kann man die Decke weiter entfernt vom Bett plazieren, bis sie endlich dort liegt, wo der Schlafplatz für immer sein soll.
Hierfür ist ein Platz geeignet, von dem der Hund seine häusliche Umgebung und auch das Tagesgeschehen im Auge behalten kann. Er darf außerdem nicht zu kalt und muß vor allen Dingen zugfrei sein. Da ein Hütehund manchmal sehr eigenwillig, ja sogar dickköpfig sein kann, wird er mit der Zeit unmißverständlich anzeigen, wo sein Lieblingsplatz ist. Ist dieser Platz nicht ausgerechnet für die Familie der ungeeignetste Ort im ganzen Haus, so sollte man dem Hund seine Freude lassen.

Treppensteigen

Da Welpen während des Wachstums noch empfindliche Knochen und Gelenke haben, sollten sie nicht zu viele Treppen steigen. Man muß sich überlegen, welche Absperrungen für kurze Zeit installiert werden können. Für die großen Rassen sind Kindergitter sehr gut geeignet, für die kleinwüchsigen Rassen ist man mit einem Brett gut bedient.
Einige wenige Treppenstufen kann jeder zehn bis 15 Wochen alte Welpe bewältigen, bei mehreren sollte man ihn jedoch besser hochheben und tragen.

Welpenfutter

Auch über die Fütterung muß man sich genauestens informieren. Mit zehn bis 12 Wochen erhält ein Welpe normalerweise drei Mahlzeiten am Tag. An das bis dahin verabreichte Futter, bestehend aus verschiedenen Getreideflocken und Fleisch oder einer speziellen Welpenaufzuchtmischung, ist er gewöhnt, er wird daher sicher nicht mit Verdauungsstörungen reagieren. Dem vom seriösen Züchter abgegebenen Futterplan sollte man unbedingt Folge leisten und gut gemeinten Ratschlägen anderer Hundebesitzer zumindest in den ersten Wochen keine Beachtung schenken. Je nach Futterzusammensetzung sind Beigaben von Kalzium und Vitaminen nötig.
Der zehnwöchige Welpe kann sein Futter noch sehr gut aus dem Napf, der am Boden steht, aufnehmen und beim Sheltie und Welsh Corgi wird sich daran zeitlebens nichts ändern. Ein Collie-, Beardie-, Bobtail- oder Border-Welpe schießt aber sehr bald in die Höhe und sollte sich dann nicht mehr zum Futter „bücken“ müssen. Er sollte seinen Topf erhöht vorgesetzt bekommen. So wird vermieden, daß er sich irgendwelche krumme oder gespreizte Stellungen der Vordergliedmaßen angewöhnt.

Versicherung

Jede Hausratversicherung deckt heute normalerweise auch die Risiken, die aus der Haltung eines Hundes entstehen. Dies sollte aber unbedingt mit der Versicherung abgeklärt werden.

Der Welpe wird abgeholt

Es ist ratsam, mit dem Züchter frühzeitig Datum und Uhrzeit zu vereinbaren, da er unter Umständen mehrere Welpen des Wurfes am gleichen Tag abgeben möchte. Ein Wochenende ist gut geeignet, um den Welpen in die neue Umgebung einzugewöhnen, der Samstagmorgen ist also ideal, um einen Welpen abzuholen.

Die erste Autofahrt

Am besten fährt die ganze Familie mit, mindestens aber eine Begleitperson sollte sich auf der Fahrt um den Welpen kümmern können. Die meisten Hunde fahren schon vom Welpenalter an gern im Auto mit und ertragen auch längere Fahrten ausgezeichnet. Um jedoch Übelkeit und Erbrechen vorzubeugen, wird der Züchter den Welpen einige Stunden vor der Abfahrt nicht mehr füttern. Fängt dieser während der Fahrt an, sehr unruhig zu werden, sollte man anhalten und mit ihm ein paar Minuten an der frischen Luft verbringen. Schläft er jedoch ruhig, ist dies unnötig und man kann unbesorgt weiter fahren. Vorsichtshalber nimmt man aber einige Handtücher oder eine Rolle Haushaltspapier mit.

Zu Hause

angekommen, trägt man den Welpen am besten als erstes an den Platz, der zum Versäubern gedacht ist. Hierbei kann es sich um einen kleinen Teil des Gartens oder einen anderen geeigneten Platz handeln. Man sollte ihn auffordern, immer mit den gleichen Worten, sein Geschäft zu verrichten. Ist dies geschehen, geht man ins Haus oder die Wohnung und läßt ihn alles beschnuppern. Hat er sein neues Zuhause ein wenig kennengelernt, wird man ihm mit einer Portion Futter sicher eine Freude bereiten. Danach muß man allerdings direkt wieder auf den Versäuberungsplatz. Ist das Geschäft erledigt, soll er gelobt, gelobt und wieder gelobt werden.

Stubenreinheit

Welpen sind wie kleine Babys. Vorn geht's hinein und hinten heraus. Wenn man dies nicht vergißt und mit dem Welpen nach jedem Fressen, Schlafen, Spielen – die ersten Tage alle eineinhalb Stunden – hinausgeht, ist er sehr schnell sauber und trocken. Passiert jedoch ein Unglück, sollte man es ihm zeigen, schimpfen und ihn unbedingt an den Versäuberungsplatz bringen. Die alte Methode, dem Welpen die Nase ins „Übel" zu drücken, hat sich nicht bewährt. Heute versucht man es mit Liebe und Konsequenz. Das gleiche gilt für die ersten Nächte. Man sollte das letzte Mal spätabends und am Morgen so früh als möglich hinausgehen, um schnell den erwünschten Erfolg zu haben.
Ob man einen öffentlichen Versäuberungsplatz regelmäßig benutzen will oder nicht, ist Ansichtssache. Man sollte so oder so immer einen Robidog-Plastiksack dabei haben und nie Kot irgendwo liegenlassen. Daß öffentliche Rasenplätze und Sandkästen tabu sind, versteht sich eigentlich von selbst.

Die neue Welt

Bis zum Tag seiner Abgabe war der Welpe immer in seiner gewohnten Umgebung mit der Mutter und den Geschwistern zusammen. Er fühlte sich

in der Meute geborgen. Es ist wichtig, daß seine neue Familie, ob sie nun aus einer Person oder einer Großfamilie besteht, versucht, ihm diese Geborgenheit zu ersetzen, daß sie mit ihm spielt, ihn aber auch genügend zur Ruhe kommen läßt.
Es ist außerdem wichtig, daß er genügend Zeit hat, um sich einleben zu können und nicht schon am ersten, zweiten oder dritten Tag dem ganzen Quartier vorgestellt wird. Je nach Rasse ist der Welpe mit fremden Leuten zurückhaltend oder freundlich und stürmisch. Er braucht eine gewisse Zeit bis er weiß, wer und was zu „seiner" Familie gehört. Wie weit er mit seiner Familie vertraut ist, merkt man zum Beispiel auch daran, daß sich auf Spaziergängen die Abstände zum Menschen vergrößern, daß einem der Welpe nicht mehr direkt am Rockzipfel und an den Füßen klebt.

Altersentsprechende Bewegung

Bewegung ist eine wichtige Sache für jeden Hund. In wenigen Monaten wird aus einem kleinen Welpen ein kräftiges ausgewachsenes Exemplar. Während der Wachstumsphase sind jedoch seine Knochen weich, seine Bänder, Sehnen und Gelenke noch lose. Muskeln sind zwar vorhanden, aber noch nicht sehr stark ausgebildet. Man darf diesen kleinen Kerl daher auf keinen Fall überfordern. Am besten fängt man mit Spaziergängen von zehn bis 15 Minuten an und steigert sie je nach Rasse und Bedürfnis langsam. Sobald das Größenwachstum abgeschlossen ist, wird er jeden Marsch, egal von welcher Länge, mitmachen und genießen.
Er wird seine Familie, seine Herde, regelmäßig umrunden und versuchen, sie zusammenzuhalten. Faszinierend ist es dann auch zu sehen, wie nicht zur Familie gehörende Personen systematisch ausgesondert werden.

Leinelaufen

Ein lustiges Kapitel ist das Angewöhnen von Halsband und Leine. Manche Züchter üben dies schon mit den Welpen im Rudel. Die meisten überlassen es jedoch dem Besitzer. Am besten eignen sich gerade für die langhaarigen Hunde geflochtene Perlon-Halsbänder und -Leinen, da sie weich und biegsam, aber trotzdem leicht und sehr haltbar sind. Legt man einem temperamentvollen Welpen erstmals das Halsband um, wird er sich schütteln, kratzen und versuchen, diesen Fremdkörper zu entfernen. Am besten lenkt man ihn für einige Minuten mit Spielen ab und befestigt dann die Leine. Wenn man jetzt mit dem Welpen redet und Spaß macht, merkt er nicht viel und gewöhnt sich schnell daran. Ein gehorsames „Bei-Fuß-Gehen" sollte man jedoch nicht gleich erwarten. Eher Bockspringen, Rückwärtsziehen, sich auf den Rücken schmeißen oder auf dem Po rutschen. Es ist der erste richtige Zwang im Leben des Welpen, und er wird versuchen, seinem Temperament entsprechend, sich mehr oder weniger dagegen zu wehren. Spätestens nach zwei bis drei Tagen ist aber auch diese Phase überwunden, und man kann mit ihm auf der Straße, an fahrenden Autos vorbei spazieren. Natürlich muß der Welpe auch lernen, sich ohne die Leine als „heißen Draht" zu Herrchen und Frauchen zurechtzufinden. Er muß lernen, immer ein Auge darauf zuhaben, wo „er" oder „sie" sind. Auch muß er lernen wie er heißt, damit er sich angesprochen fühlt, wenn man ihn ruft. Deshalb muß man den Welpen auch draußen bald von der Leine lassen. Anfangs sollte man sich dafür einen eingezäunten Platz oder eine große Wiese aussuchen, wo der „Kleine" sich nicht zu weit entfernen kann. Wenn er kommt, ruft man seinen Namen und wenn er da ist, lobt man ihn. Ein weiterer Schritt ist, sich niederzukauern. So vermittelt man dem Welpen den Eindruck, man entferne sich und motiviert ihn, Herrchen und Frauchen schnellstmöglich nachzueilen.

Neue Eindrücke

Hat sich der Welpe nach einigen Wochen richtig eingelebt, kommt die Zeit, in der man ihn an die große weite Welt gewöhnen muß. Er ist in dieser Zeit voller Vertrauen, hat noch keine schlechten Erfahrungen gesammelt und wird so, wißbegierig und lernfreudig, alles in sich aufnehmen. Man sollte ihm Eisenbahn, Tram und auch vorbeifahrende Lastwagen zeigen. Auch Menschenansammlungen muß der „Kleine" erst kennenlernen. Bahnhöfe, Einkaufszentren oder ein Schulhaus aus dem die Schulkinder kurz vor zwölf Uhr herausstürmen, können für diese Lektion genutzt werden. Diese Sachen gehören zu unserem Leben und müssen von einem Hund ohne Angst akzeptiert werden. Aber auch hier ist es wichtig, mit Liebe und Gefühl zu reagieren.

Welpentreffen und Spieltage

Vielerorts werden heute Welpen-Spielstunden organisiert. Man hat hier die Möglichkeit, seinen Hund mit gleichaltrigen Welpen verschiedenster Rassen spielen zu lassen und ihm die ersten Grundbegriffe der Erziehung beizubringen. Der Welpe lernt so, sich anderen Hunden unter Umständen unterzuordnen, und sich so zu benehmen, wie die Hundewelt es von ihm erwartet. Diese Spielstunden werden in Tageszeitungen aber auch in kynologischen Zeitschriften ausgeschrieben. Der Landesverband, Rasseclub oder Züchter können gegebenenfalls Adressen vermitteln.

Schon mit zwölf Wochen sollte der Welpe an den Bürstetisch gewöhnt werden.

Die Pflege

„Kleider machen Leute“, dieses Sprichwort von Gottfried Keller hat auch heute noch seine Gültigkeit. Auf den Hund übertragen müßte es heißen: „Ein gepflegtes Fell macht einen attraktiven Hund“.
Das kurze Haar des Welsh Corgi und des Kurzhaar-Collie muß ebenso gepflegt werden (wenn auch wesentlich weniger zeitaufwendig) wie das mittellange des Border Collie und das lange Haar des Collie, Beardie, Sheltie und Bobtail.
Für die Gesundheit der Haut und das Wohlbefinden jeden Hundes ist es wichtig, daß sein Fell regelmäßig gereinigt, gebürstet und gekämmt wird. Ein kurzhaariger Hund muß ein bis zwei mal pro Woche gründlich durchgebürstet werden. Während der Zeit des Fellwechsels empfiehlt es sich außerdem, einen feinen Kamm zu gebrauchen, um die losen Haare oder auch die Unterwolle möglichst schnell auskämmen zu können und Platz für die neu wachsenden Haare zu machen. Hinter den Ohren, zwischen den Vorder- und Hinterbeinen und auch an der Rute bilden sich auch bei kurzem Fell schnell Verfilzungen, die vorsichtig entfernt werden müssen. Beim Welsh Corgi sollten außerdem regelmäßig die Nägel kontrolliert und bei Bedarf gekürzt werden.
Langhaar-Collie und Sheltie haben ein langes, aber wenig filzendes Haarkleid. Sie sollten je nach Bedarf gekämmt und gebürstet werden. Will man den Hund auf Ausstellungen präsentieren, darf die Unterwolle nicht herausgenommen werden, da sonst das Volumen fehlt. Am pflegeintensivsten sind der Beardie und vor allem der Bobtail.
Viele Hunde empfinden die Pflege als wohltuend. Sie freuen sich, wenn man die Bürste in die Hand nimmt und gehen an den Platz an dem normalerweise die Fellpflege stattfindet. Da dies aber nicht bei allen Hunden der Fall ist, sollte man am besten schon mit dem Welpen beginnen, ihn täglich einige Minuten zu bürsten. Er gewöhnt sich so daran, während dieser Zeit still zu liegen oder zu stehen und die Prozedur zu genießen. Wenn man nicht immer auf dem Boden sitzend bürsten möchte, empfiehlt es sich, einen festen Tisch mit Gummiauflage als Bürstetisch zu benutzen. Zusammenklappbare Trimmtische sind im Handel erhältlich. Achtung: ein Welpe oder Junghund sollte niemals alleine auf dem Tisch gelassen werden, er darf nicht herun-

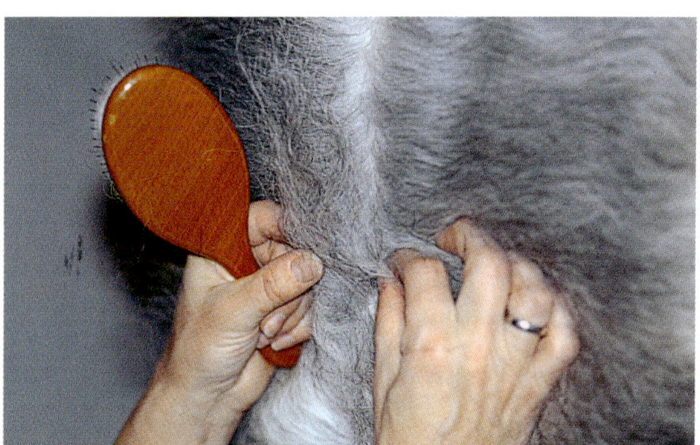

Für langes Haar eignen sich die Bürsten »Mason and Pearson« oder »Hindes 6012« am besten

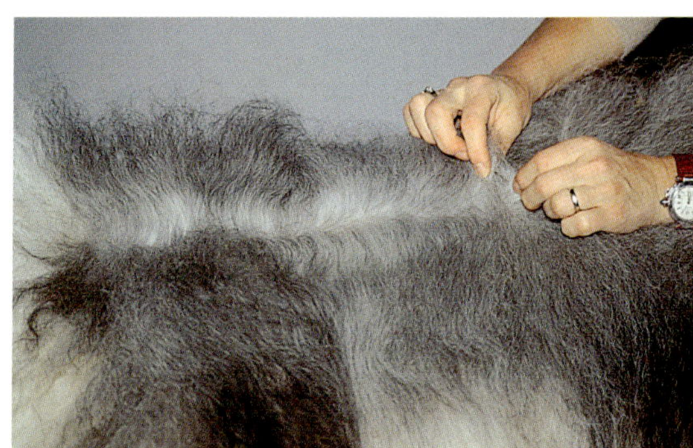

Verfilzungen müssen bis auf die Haut gelöst und ausgebürstet werden

terspringen, solange er nicht ausgewachsen ist. Während der Welpe wächst und das Haar länger und dichter wird, gewöhnt man sich auch selbst an die immer aufwendigere Arbeit. Ist der Hund daran gewöhnt zu liegen, kann man Haarlage um Haarlage immer bis auf die Haut bürsten. Am besten fängt man an den Hinterpfoten an und arbeitet sich langsam und sorgfältig bis zum Rücken hoch. Dann die Vorderbeine bis zum Hals und den Körper, Schnauze und Kopf. Natürlich kann man auch andersherum beginnen. Wichtig dabei ist nur, daß der ganze Hund bis auf die Haut gut durchgebürstet wird. Besondere Aufmerksamkeit ist auch den Innenseiten der Vorder- und Hinterbeine zu widmen. Hier, wie auch hinter und unter den Ohren, verfilzen die weichen Haare besonders schnell. Sobald die eine Seite fertig ist, legt man den Hund auf die andere Seite und das Prozedere wiederholt sich. Allfällige Knoten nimmt man vorsichtig mit Daumen und Zeigefinger beider Hände auseinander und bürstet erst dann das filzige Fell aus. Eine zwar teure, aber sehr zu empfehlende Bürste hierfür ist die „Mason and Pearson, Bristol and Nylon". Sie ist ebenso wie die Bürste „Hindes, 6012" für langes Haar bestens geeignet und wird bei richtigem Gebrauch die Haare nicht abbrechen. Spezielle Aufmerksamkeit ist beim Beardie und beim Bobtail dem Bart zu widmen. Er sollte nach jedem Fressen, wenn nötig mit Wasser, gesäubert werden. Bei einem Rüden sollte man außerdem regelmäßig um die Vorhautöffnung die Haare mit einer Schere entfernen.
Jeder erfahrene Züchter wird dem neuen Welpenbesitzer speziell auf die Rasse bezogene Pflege- und Bürstetips mitgeben und auch gerne bereit sein, bei Problemen zu helfen.
Langhaarige Ausstellungshunde brauchen eine intensivere Pflege. Der Hundebesitzer ist daher gut beraten, frühzeitig mit dem Züchter Kontakt aufzunehmen und sich beraten zu lassen, wie das Fell am besten zur Geltung gebracht wird.

Pfoten

Die Haare zwischen den Zehenballen müssen alle vier Wochen mit einer Schere gekürzt werden. So verhindert man das Verkleben mit Schmutz. Bis zum Boden überhängende Haare werden gekürzt und beim Collie und Sheltie werden an den Hinterbeinen vom Sprunggelenk abwärts die nach hinten stehenden Haare glatt geschnitten. Im Winter empfiehlt es sich, die Pfoten ab und zu mit etwas Melkfett oder Vaseline zu pflegen.

Ohren

Die Ohren sollten regelmäßig kontrolliert werden. Aus dem Gehörgang wachsende Haare werden am besten mit einer Pinzette oder Klemme herausgezupft (nicht geschnitten!). Ist die Ohrmuschel verschmutzt, reinigt man sie mit einem feuchten Wattebausch oder einem Pflegetüchlein.

Die Pflege des Veteranen

Ab dem achten Lebensjahr gehören Hunde zu den Veteranen und sollten dementsprechend gefüttert und bewegt werden. Dies gilt auch für die besonders langlebigen Rassen.
Die Pflege des Haarkleides muß nicht mehr ganz so intensiv betrieben werden, da der Haarwuchs sich mit der Zeit verlangsamt. Manche Hunde schätzen jetzt die Fellpflege gar nicht mehr, reagieren sogar manchmal recht ungehalten auf das kleinste Rupfen mit der Bürste. Ist dies der Fall, sollte man sich nicht scheuen, bei den langhaarigen Rassen systematisch mit einem feingezinkten Kamm die Unterwolle auszukämmen und beim Bobtail auch die harten Grannenhaare auf etwa 15 bis 20 cm Länge zu kürzen.
Der so gepflegte „Veteran" wird sich mit aktiver Lebensfreude bedanken.

Welsh Corgie Pembroke, Champion »Bymil« Feather Duster

Der Hund auf Reisen

Ein Hütehund, und zu dieser Kategorie gehören alle in diesem Buch beschriebenen Hunde, möchte wenn immer möglich bei seiner Familie sein. Er möchte als vollwertiges Familienmitglied aufgenommen und akzeptiert sein. Dazu gehören auch Ausflüge und natürlich die Ferien. Hat man seine Ferien in einem europäischen Land geplant, ist es normalerweise möglich, den Hund mitzunehmen. Er wird es genießen, die ganze Familie zu behüten, wird gegebenenfalls auf die Kinder am Strand aufpassen oder mit ihnen im Schnee spazierengehen. Ist man Besitzer eines bellfreudigen Hundes, muß man sicher sein, daß im Hotel kein Lärm entsteht und andere Gäste nicht gestört werden. Denn nur mit einem angenehmen, gut erzogenen Hund ist man in den meisten Hotels und Restaurants ein gern gesehener Gast. Auch Campingferien lassen sich gut mit einem Hund verbringen. Aus allen gängigen Campingführern geht hervor, ob auf dem gewählten Platz Hunde erlaubt sind. Bei der Ernährung sollte man auf seine Gewohnheiten achten und das Futter am besten von zu Hause mitnehmen, um Magen-Darmverstimmungen vorzubeugen.

Sollte man ihn nicht mitnehmen können oder wollen, so ist es nötig, frühzeitig einen Ferienplatz für ihn zu suchen. Hundeheime sind während der Hochsaison oft lang im voraus ausgebucht und auch die liebe Tante oder Omi muß erst auf den liebebedürftigen Feriengast auf vier Pfoten vorbereitet werden. Bei Fremden gegenüber sehr zurückhaltenden Hunderassen wie z.B. den Shelties muß man sicher sein, daß der ausgesuchte Ferienplatz sich wirklich eignet. Handelt es sich hierbei um eine Hundepension, empfiehlt es sich, diese den Hund für zwei bis drei Tage testen zu lassen. Kommt er zufrieden nach Hause, kann man sicher sein, daß er auch längere Zeiten von drei bis vier Wochen ohne seelischen Schaden gut überstehen wird. Unter Umständen ist der Rasseklub oder der Züchter in der Lage, einen Ferienplatz bei einem anderen Besitzer der gleichen Rasse zu vermitteln. Auch hier ist es von Vorteil, wenn beide Hundebesitzer mit den Hunden sich einige Zeit vor der Ferienabreise treffen und so herausfinden können, ob sich die Hunde gut verstehen werden oder ob man gezwungen ist, einen anderen Platz zu suchen.

Ferien mit dem Hund

Kinder und Hunde

Verschiedene Rassen werden als kinderfreundlich beschrieben. Dazu gehören alle britischen Hütehunde. Im Gegensatz zu Hütehunden aus anderen, oft südlichen Ländern, sind die „Briten" mit Kindern äußerst feinfühlig und geduldig. Sie haben so die Gelegenheit, ihrem Hüte- und Beschützer-Trieb gerecht zu werden.

Collie, Bearded Collie, Border Collie, Sheltie und Welsh Corgi bemühen sich sehr stark um Kinder, wenn sie mit ihnen aufgewachsen sind. Sie lieben „ihre Kinder" und sind gute Spielkameraden und Kollegen. Wenn sie überstrapaziert werden, ziehen sie sich zurück oder suchen einen geschützten Ort, um für eine Weile außer Reichweite zu sein. Sie werden nie aggressiv reagieren, sind aber in der Lage und auch bereit, dem Kind unmißverständlich zu zeigen, wo die Grenzen zu ziehen sind.

Beim Bobtail ist die Liebe zum Kind noch wesentlich bedingungsloser und ausgeprägter.

Auch wenn der Bobtail nicht mit Kindern aufgewachsen ist, zieht ihn die Liebe zum kleinen Geschöpf immer wieder zu ihnen hin.

Babys und Kleinkinder finden im Bobtail einen unermüdlichen Spielkameraden, dem nichts zu viel wird und der alles mitmacht. Er wird, wenn ein Baby versucht, über ihn zu krabbeln, ruhig warten, bis es sicher auf der anderen Seite gelandet ist, keinesfalls wird er aufstehen oder seinen Unmut über diese spezielle Behandlung zeigen. Ganz im Gegenteil: Er wird versuchen, es abzuschlecken und noch mehr lieben als zuvor. Sind mehrere Kinder mit dem Bobtail zusammen, so wird er „seine" Kinder bei Streit von den „anderen" trennen, indem er sich mit seiner ganzen Größe zwischen sie stellt und so einen guten Abstand schafft. Es stört ihn nicht, wenn Kinder toben und laut spielen, wenn sie vor Vergnügen schreien oder quietschen. Seine sprichwörtliche Gelassenheit hilft hierbei, jede für ihn noch so unangenehme Situation zu überstehen.

Egal welchen Hütehund man besitzt, einige Dinge sollte man auf jeden Fall beachten, falls das erste Baby nach dem Hund in die Familie kommt.

Sobald die Mutter das Baby aus dem Spital nach Hause bringt, sollte es dem Hund gezeigt werden. Er wird den Geruch aufnehmen und versuchen, es zu schlecken. Gibt man ihm zu verstehen, daß nur das Schlecken unerwünscht ist, wird er bald darauf verzichten, er wird jedoch nie verstehen, daß er nicht in das Kinderzimmer darf, falls man versucht, ihn auf Abstand zu halten. Diese für ihn unverständliche Situation wird unter Umständen Eifersucht erzeugen. Ein Hütehund würde deshalb nicht aggressiv reagieren, aber mit Sicherheit wäre er übermäßig traurig und enttäuscht. Diese Traurigkeit kann Verhaltensveränderungen hervorrufen. Es ist bekannt, daß traurige Hütehunde manchmal plötzlich über Nacht nicht mehr sauber sind, daß sie Tischbeine annagen oder Gardinen herunterreißen. Kurz gesagt, sie benehmen sich unmöglich. Läßt man jedoch einem ausgeprägten Kindernarren die Möglichkeit unter Aufsicht bei dem Baby zu sein, wird man sich um dessen Sicherheit keine Gedanken mehr machen müssen. Ist aus dem Baby ein Kleinkind geworden, muß man besonders darauf achten, daß das Kind nicht die normalen Grenzen überschreitet und die Achtung vor der Kreatur nicht verliert.

Wie alle jungen Hunde, kann auch ein kleiner Hütehund nicht zwischen „mein und dein" unterscheiden. Spielsachen sind Spielsachen, und was herumliegt, gehört allen. Dies wird auch unordentlich veranlagte Menschenkinder schnell und zuverlässig, ohne irgendwelche psychologischen Tricks, lehren, daß behütete Kleinode in die Kiste oder den Schrank gehören. Was draußen liegen bleibt, gehört allen und junge Hunde sind noch viel mehr als Menschenkinder daran interessiert, zu erfahren, wie sich die Dinge anbeißen lassen und wie es drinnen aussieht.

Apropos anbeißen: Kleine Hunde lieben es heiß, große und kleine Menschen in die Waden zu beißen, natürlich mit viel Liebe, aber dennoch nachdrücklich. Welpenzähne sind ausgesprochen spitz und können recht weh tun. Man muß dem vierbeinigen Baby rasch beibringen, daß wir uns durch fehlendes Fell und dünnere Haut von den Wurfgeschwistern unterscheiden und diese Art von Zärtlichkeit nicht estimieren.

Freundschaft, ein Leben lang

Ausstellungen

Nationale und Internationale Ausstellungen werden vom Landesverband und den Rasseklubs organisiert und in den kynologischen Zeitschriften ausgeschrieben. Teilnehmen können alle Hunde mit einer von der FCI anerkannten Ahnentafel. CAC und CACIB werden hier vergeben. Die Hunde werden ihrem Alter entsprechend und getrennt nach Geschlecht, in verschiedenen Klassen gerichtet.

Jüngstenklasse:	6–9 Monate
Jugendklasse:	9–18 Monate
Offene Klasse:	ab 15 Monaten
Siegerklasse:	mit bestätigtem Championtitel
Gebrauchsklasse:	mit bestätigter Arbeitsprüfung (nicht für britische Hütehunde)
Veteranenklasse:	ab 8 Jahren

Meldet man seinen Hund an, erhält man alle nötigen Papiere rechtzeitig zugeschickt. Hundeausstellungen haben eine zentrale, sehr wichtige Funktion innerhalb der Hundezucht, nicht in erster Linie für den Privatbesitzer eines Hundes, sondern für die Zucht im gesamten und den einzelnen Züchter im speziellen. Die vom Landesverband und der FCI anerkannten Richter haben eine lange und gründliche Ausbildung hinter sich. Viele sind langjährige, erfolgreiche Züchter und Aussteller der zu richtenden oder einer anderen Rasse. Sie richten die Hunde ohne emotionale Bindung an das einzelne Individuum, immer in bezug auf den vom Mutterland der Rasse und von der FCI bestätigten Standard. Der seriöse Züchter versucht immer, seine Würfe im Hinblick auf den Standard züchterisch zu verbessern. Daß dies nie auf Kosten der Gesundheit, Langlebigkeit oder Wesensstärke gehen darf, versteht sich von selbst. Er erhält an den Ausstellungen einen unabhängigen Bericht über seine Hunde und wird im weiteren versuchen, die Fehler – kein Hund ist perfekt – zu eliminieren. Züchter, welche nie oder sehr selten an Ausstellungen teilnehmen und sich nur in Ausnahmefällen der Konkurrenz stellen, wissen gar nicht, ob ihre Welpen noch dem Standard entsprechen oder ob sie nur noch auf dem Papier „Rassehunde“ sind. In diesem Falle sollte man

Champion »Lamedazottel Flamboyant« in Ausstellungspose. Züchterin: Christina Bailey, Richterin: Zina Thorn

nicht mehr von „Züchten" sprechen, sondern von „Vermehren" oder „Produzieren".

Die Auswahl eines Ausstellungshundes

Weiß man als Welpen-Käufer bereits, daß man später einmal ausstellen und sogar züchten möchte, sollte man dies unbedingt mit dem Züchter des in Frage kommenden Wurfes besprechen. Innerhalb eines Wurfes sind die Welpen manchmal sehr verschieden in bezug auf Zeichnung, Farbe und Persönlichkeit. So sind gewisse Welpen besser geeignet für eine eventuelle Ausstellungskarriere als andere. Der langjährige und erfahrene Züchter wird hier die Kenntnisse über seine Linie und deren Entwicklung nutzen, um den zukünftigen Aussteller und Züchter bestens zu beraten.
Hat man „seinen" Welpen bei einem jungen, noch nicht so erfahrenen Züchter gefunden, empfiehlt es sich unter Umständen, einen langjährigen ausgewiesenen Kenner der Rasse zur Begutachtung des Welpen mitzunehmen. Dieser wird die momentan eventuell vorhandenen Mängel des zukünftigen Ausstellungshundes sehen und beurteilen können. Hierbei darf man jedoch nicht vergessen, daß kein Hund als Ausstellungschampion geboren wird. Jeder Welpe kann sich während der Wachstumsphase positiv, aber leider auch negativ entwickeln. Bis zum ersten anerkannten Titel ist es ein langer, weiter Weg für den Hund und seinen Besitzer.

Die Pflege des Ausstellungshundes

Die Pflege muß bei den kurzhaarigen Rassen nicht, bei den langhaarigen aber sicher intensiviert werden. Da schmutzige Haare gern brechen, wird man den Füßen, beim Beardie und Bobtail dem Schnauz und bei Rüden dem Bauchhaar spezielle Pflege zukommen lassen müssen. Reinigungspuder oder auch Babypuder ist hierfür sehr gut geeignet. Sind Pfoten, Beine, Bauch oder auch mehr nach einem ausgiebigen Feld-

Multi Champion »Pennylane Love'n Kisses

Wald-und-Wiesen-Spaziergang sehr stark verschmutzt, empfiehlt sich warmes Abduschen und vorsichtiges Waschen mit Baby- oder Hundeshampoo.

Ausstellungs-Bürsten

Jeder Hund sollte seiner Rasse entsprechend gebürstet im Ring erscheinen.
Beim **Corgi** gibt es fast nichts zu tun, er soll gepflegt aussehen und das Fell glänzen.
Beim **Langhaar-Collie** und auch beim **Sheltie** muß darauf geachtet werden, daß der Hund gut gebürstet und mit genügend Unterwolle in den Ring gebracht wird. In der Zeit des Haarwechsels fehlt meistens die füllige Unterwolle und der Hund sieht etwas unscheinbar aus.
Im Ring, bzw. schon bevor man mit dem Hund in den Ring geht, werden die Haare auf dem Rücken nochmals glatt gestrichen und die Rute, die Hosen und die Befederung schön gebürstet. Als letztes widmet man sich der Mähne und dem Brusthaar. Erst nach Aufbürsten dieser Partien sieht man die ganze Pracht des Collie und des Sheltie.
Der **Kurzhaar-Collie** soll gut gebürstet im Ring erscheinen. Falls die weißen Partien nicht wirklich weiß sind, ist es vorteilhaft, ihn am Tage vor der Ausstellung abzuduschen und die etwas schmuddelig wirkenden Partien mit Shampoo zu säubern.
Der **Border Collie** soll sauber und gekämmt, ohne Filz, aber natürlich präsentiert werden. Obwohl auch heute noch als Arbeitshund gebraucht, beleidigt man ihn, wenn er unter seinem Niveau als schmutziges ungepflegtes oder gar übelriechendes Wesen in den Ring gebracht wird.
Das Fell des **Bearded Collie** darf nicht getrimmt oder mit der Schere bearbeitet werden. Bevor man im Ring erscheinen soll, muß alles Haar nochmals glatt gebürstet werden. So präsentiert sich der Beardie in voller Schönheit.
Am aufwendigsten ist die Präsentation des **Bobtail**. Um ihm seine typischen Außenlinien zu geben, stellt man den Hund, nachdem er komplett durchgebürstet wurde, hin und bürstet das Fell auf dem Rücken (fast bis zur Schulter) hoch, Hals-, Körper- und Brusthaar nach unten, Vorderfuß-, Oberschenkel- und Hinterfußhaar bis zum Sprunggelenk wieder nach oben, um es möglichst voluminös aussehen zu lassen. Das Kopfhaar wird hochgebürstet, so daß der Kopf rund und sehr groß aussieht. Mit dieser Art zu bürsten betont man den Körperbau des Hundes, verändert aber nicht seine Struktur.
Am Tag vor der Ausstellung sollte man allen Hunden nochmals die Ohren kontrollieren und falls nötig mit einem Wattebausch reinigen. Die Pfoten und Füße müssen meistens auch gründlich gereinigt werden. Dem Beardie und dem Bobtail wäscht man gründlich den Bart, um ihn wirklich am nächsten Tag sauber im Ring präsentieren zu können.

Am Ausstellungstag

Am Eingang der Ausstellung passiert man die Veterinärkontrolle (Tollwutimpfung, beide Hoden beim Rüden und eventuelle Läufigkeit der Hündin werden kontrolliert) und erhält dann den Katalog mit allen weiteren Angaben wie Ringnummer, Beginn des Richtens, Klasseneinteilung der verschiedenen Hunde etc.
Hat man für die großen langhaarigen Hund einen Trimmtisch mitgebracht, wird man den Hund darauflegen und noch einmal gut durchbürsten. Bei Regenwetter kann Kartoffelmehl oder Babypuder zum Trocknen benutzt werden.
Stellt man einen jungen Hund erstmals aus, empfiehlt es sich, sehr viel Zeit vor dem Richten einzuplanen, um ihm die Ausstellung und das ganze

Drumherum zu zeigen. Er wird dadurch sicherer und später nicht ängstlich im Ring stehen. Bevor die Klasse, in welcher der Hund gemeldet ist, aufgerufen wird, hat man den Hund in der schon beschriebenen Art gebürstet. Eine dünne Ausstellungsleine ersetzt im Ring die normale, für den täglichen Gebrauch bestimmte kräftigere Leine. Im Ring ordnet man sich der Nummer nach ein, stellt den Hund korrekt hin und achtet nur noch auf den Richter und den eigenen Hund. Spätestens wenn der vor einem stehende Hund gerichtet wird, sollte man die Haare und das Aussehen des eigenen Hundes nochmals kontrollieren. Ist man selbst an der Reihe, wird der Hund vor dem Richter korrekt hingestellt, jedoch während des Richtens nicht mehr gebürstet. Der Richter kontrolliert die Augen, die Kiefer- und Zahnstellung, Kopf- und Körperproportionen, Winkelungen, den Knochenbau, die Haarstruktur und zeigt dann die Richtung an, in welcher er die Bewegung des Hundes sehen möchte. Je nach Ringgröße kann dies gerade hin- und herlaufen, im Dreieck oder im Kreis laufen bedeuten. Dieses Vorführen sollte man schon Wochen vorher regelmäßig mit dem Hund geübt haben. Denn nur ein optimal vorgeführter Hund kann eine seinen Qualitäten entsprechende Bewertung erhalten. Entschuldigungen dem Richter gegenüber, wie etwa: Der Hund möchte heute lieber spielen und bellen, als ruhig stehen; er will heute einfach die Zähne nicht zeigen, aber gestern ging es noch ganz gut, es ist heute so heiß oder laut, das ist er alles nicht gewöhnt; und so weiter und so fort, machen auf den Richter keinen Eindruck. Er beurteilt den Hund so, wie er ihn heute sieht. Im übrigen sind die Bedingungen für alle Aussteller gleichermaßen gut oder schlecht. Nachdem der Richter die ganze Klasse gerichtet hat, werden die vier Besten plaziert. Gehört man hier dazu, ist die Freude natürlich groß, aber auch bei den unplazierten Hunden handelt es sich, besonders bei großer Meldezahl, oft um ausgesprochen schöne Exemplare ihrer Rasse.

Folgende Formwert-Noten können vergeben werden:

In der Jüngstenklasse:

Vielversprechend	(VV)
Versprechend	(Vsp)
Nicht entsprechend	(Ne)

in allen anderen Klassen:

Vorzüglich	(V)
Sehr gut	(SG)
Gut	(G)
Genügend	(Gen)
Ungenügend	(Ungen)

Fairplay

Es kann nur einer gewinnen. Ob sich die anderen als Verlierer fühlen, hängt davon ab, mit welcher Einstellung sie in den Ausstellungsring gehen. Man kann Ausstellungen als sportlichen Wettbewerb und als züchterische Standortbestimmung betrachten. Man kann jedoch auch das eigene Selbstwertgefühl zu steigern versuchen. Wer von dieser Motivation beseelt ist, hat gute Chancen, zum hoffnungslosen Dauerverlierer zu werden. Wichtig ist – ob man gewonnen hat oder nicht – zu beachten, daß es sich gehört, auf jeden Fall fair zu bleiben und dem Gewinner und den vor einem Plazierten zu gratulieren. Für den Besitzer ist der eigene Hund immer der schönste. Der Richter sieht es jedoch zwangsläufig manchmal etwas anders. Die Atmosphäre an den Ausstellungen lebt vom Verhalten der Aussteller. Wenn man diese regelmäßig mit bissigen Bemerkungen über vermeintliche Ungerechtigkeit und Unfähigkeit der Richter vergiftet, wird man dort bald ein ungern gesehener Gast sein.

Ringtraining

Wie schon vorgängig beschrieben, sollte man längere Zeit vor der Ausstellung anfangen, mit dem Hund zu trainieren. In manchen Clubs werden Trainingstage organisiert, die man besuchen kann und sollte. Auch der Züchter wird sicher gern Hilfestellung leisten. Selbst kann und muß man jedoch üben, üben und nochmals üben. Am besten fängt man mit dem „Zähne zeigen" an. Bei geschlossenem Kiefer werden die Lefzen geöffnet, so daß der Zahnschluß und die Vollständigkeit des Gebisses (42 Zähne beim erwachsenen Hund) kontrolliert werden können.

Das „Steh" bringt man dem Hund wie folgt bei: Man stellt den Hund (wenn möglich vor einem großen Spiegel) gerade hin, Vorderbeine gerade, Hinterbeine etwas nach hinten ausgestellt, jedoch nur so wenig, daß die gewünschte Rückenlinie erhalten bleibt. Der Kopf wird nun mit der Hand hochgehalten. Ein Kraulen am Kinn und beruhigende Wort helfen oft wunderbar. Jetzt muß man den Hund für einen Augenblick stehen lassen und möglichst immer das gleiche Wort „Steh" sagen. Im Spiegel kann man außerdem kontrollieren, ob der Hund wirklich korrekt steht. Nach einigen Tagen wird man den Moment des Stehens verlängern, bis es wirklich klappt. Mit dem korrekten Laufen ist es genau gleich. An der dünnen Ausstellungsleine läuft man gerade hin und her, im Dreieck und im Kreis, bis der Hund nach einigen Wochen genau weiß, was man von ihm gerne sehen möchte. So trainiert, haben Hund und Vorführer Vertrauen in ihr Können und werden im Ring das Beste geben.

Internationaler Champion, Weltsieger 1994, »Pennylane Emotion«. Nur Übung macht den Meister

Eine Handvoll Medizinisches

Der junge Hund und der Tierarzt

Sowohl der Welpe wie auch der neugebackene Hundebesitzer – besonders wenn es sich um den ersten Hund handelt – sollten Gelegenheit haben, den Haustierarzt und seine Praxis ungezwungen und ohne Streß kennenzulernen. Dies kann anläßlich des Kaufs einer Wurmkur und eines kurzen Gesprächs oder auch beim ersten Impftermin geschehen.

Impf-Fahrplan

Genau wie Menschenbabys sollte das Hundekind und später der erwachsene Hund durch Impfungen gegen jene Infektionskrankheiten, die nicht nur die Gesundheit sondern gar das Leben bedrohen, geschützt werden.
Für den Hund gefährliche Krankheiten sind: Staupe, Hepatitis, Leptospirose, Parvovirose, Zwingerhusten-Komplex (Laryngotracheobronchitis-Komplex) und Tollwut.

Beim Tierarzt

Da Tollwut für alle Wirbeltiere und besonders auch für den Menschen lebensgefährlich ist, ist die Schutzimpfung gegen diese Krankheit von Gesetzes wegen zwingend vorgeschrieben.
Staupe ist eine der bekanntesten und gefürchtetsten Infektionskrankheiten der Hundeartigen. Es ist zu unterscheiden zwischen der Darmform mit Erbrechen und Durchfällen, der Lungenform mit Husten und Lungenentzündung und der nervösen Form, welche immer tödlich endet oder das erkrankte Tier so schädigt, daß es eingeschläfert werden muß.
Auch Hunde haben ihre eigene Form der ansteckenden Hepatitis oder Leberentzündung. Hunde, die überleben, leiden meist lebenslang an einer chronischen Leberentzündung.
Die Leptospirose ist eine hochfiebrige Krankheit, die mit Erbrechen, Atembeschwerden und starken Schmerzen einhergehen kann. Oft bleiben chronische Nierenschäden zurück. Besonders Ratten und Mäuse beherbergen den Erreger, so daß eine Ansteckung immer möglich ist.
Parvovirose ist eine Infektionskrankheit, die immer wieder auftritt, und besonders bei Welpen und jungen Hunden unter anderem Durchfall mit häufig tödlichem Ausgang verursacht, aber auch für erwachsene Hunde gefährlich ist.
Der Zwingerhusten ist ein Erkrankungskomplex der oberen Luftwege, der dem Keuchhusten des Menschen sehr ähnlich sein kann. Er wird durch verschiedene Erreger verursacht. In den üblichen Kombinationsimpfstoffen ist meist nur ein Erreger dieser Gruppe enthalten. Deshalb kann für Hunde, die oft an Ausstellungen, Erziehungskursen oder Hundesportveranstaltungen teilnehmen oder denen ein Aufenthalt im Tierheim bevor-

steht, eine zusätzliche, spezifische Zwingerhustenimpfung empfehlenswert sein.
Die ersten Impfungen erhält der Welpe bereits im Alter von acht bis zehn Wochen, also vor der Abgabe.
Es gibt allerdings verschiedene Möglichkeiten, in welcher Reihenfolge und in welchen Kombinationen die Grundimmunisierung durchgeführt werden kann. Impfplan und Impfausweis werden vom Züchter mit dem Welpen abgegeben. Für die weitere Durchführung der Impfungen trägt der Welpenkäufer die Verantwortung.
Durch regelmäßige Impfungen möglichst vieler Hunde wird nicht nur der einzelne als Individuum geschützt, sondern auch die Verbreitung der Krankheiten in der Gesamtpopulation vermindert.

Unwillkommene Untermieter

Verschiedene Parasiten können dem Hund im Laufe seines Lebens das Dasein schwer machen. Starker Befall mit Darmparasiten, aber auch Hautparasiten in Massen können den Hund und seine Abwehrkräfte schwächen und andere Krankheiten erst ermöglichen.
Spul- und Hakenwürmer sind bereits für den frischgeborenen Welpen gefährlich. Darum müssen diese und auch die Mütter regelmäßig entwurmt werden. Erwachsene gesunde Hunde können gegen Spul- und Hakenwürmer eine gewisse Immunität entwickeln, so daß sie kaum mehr unter massivem und krankmachendem Befall leiden. Sie können aber dennoch Träger von Würmern und damit Ausscheider von Wurmeiern und -larven sein. Diese Parasiten können auch für den Menschen ein gewisses Risiko darstellen. Darum sollte regelmäßig ein Wurmmittel verabreicht werden, allenfalls nach einem Kotuntersuch.
Als Hautparasiten spielen besonders Flöhe eine Rolle. Ein einzelner Floh kann ab und zu vorkommen, gehört gar zum guten Ton. Jedoch können diese Tierchen auch in großer Zahl auftreten und dann nur noch mit viel Mühe wieder dezimiert werden. Das massenweise Auftreten der Flöhe wird begünstigt durch das Dasein in modernen geheizten Wohnungen, so daß der Entwicklungszyklus der Flöhe nicht jahreszeitlichen Schwankungen unterliegt. Die Flohbekämpfung wird dadurch ungemein erschwert, daß sich diese sprungkräftigen Tierchen nur zur Nahrungsaufnahme, also zum Blutsaugen, auf dem Hund aufhalten. Die Fortpflanzung und die Entwicklung der Jugendstadien findet in der Umgebung – im Teppich, in der Decke des Hundekorbes, in Bodenritzen – statt. Deshalb dürfen sich Bekämpfungsmaßnahmen nicht nur auf den befallenen Hund beschränken. Es müssen stets alle Hunde und Katzen, die zusammenleben, behandelt werden und der Entwicklungszyklus muß durch Umgebungsbehandlungen unterbrochen werden.
Flöhe können durch den Speichel, den sie beim Biß in die Haut abgeben, eine allergische Reaktion und eine massive Hautentzündung, das sogenannte Flohekzem, verursachen. Flohbefallene Jungtiere leiden sehr bald an Blutarmut und ihre Entwicklung wird ernsthaft beeinträchtigt.
Weitere Hautparasiten sind die Ohrmilben, die in der Haut des äußeren Gehörganges parasitieren, welche sie durchbohren, um Blut saugen zu können. Durch intensives Kratzen und Kopfschütteln können Folgeprobleme wie Hautentzündungen und Ohrhämatome verursacht werden. Ohrmilben können nur durch konsequente Behandlung der erkrankten Ohren bekämpft werden.
Auch Zecken können sehr unangenehm sein. Sie treten in gewissen Gegenden massenhaft auf und lassen sich auf den Hund fallen, wenn dieser durch hohes Gras oder durch Gebüsche streift. Im langen Haar sind sie besonders schwierig zu finden und zu beseitigen. Durch Zecken können auch Infektionskrankheiten übertragen werden.

Gangwerk und Bewegung

Große Hunde wie Collies, Beardies und Bobtails müssen Knochen, Gelenke und Muskeln in sehr kurzer Zeit aufbauen und entwickeln. Sie sind in etwa 18 Monaten ausgewachsen. (Zum Vergleich: Der Mensch nimmt dafür beinahe zwei Jahrzehnte in Anspruch.) Die mittleren und kleinen Rassen Border Collie, Sheltie und Welsh Corgi haben oft ein unwesentlich geringeres Geburtsgewicht, wachsen aber wesentlich langsamer.
Damit der Bewegungsapparat optimal ausgebildet werden kann, müssen für den Welpen optimale Verhältnisse geschaffen werden. Einerseits ist von züchterischer Seite das Nötige vorzukehren, damit die Welpen nicht mit erblichen Veranlagungen für Krankheiten wie Hüftgelenksdysplasie (HD), Ellbogendysplasie (ED) und Osteochondrose (OCD) belastet werden. Zum anderen müssen die Aufzuchtbedingungen optimal sein. Der Welpe und junge Hund muß ausgewogen gefüttert und mit Mineralstoffen versorgt werden. Ebenso wichtig ist es, daß der wachsende Organismus nicht durch übermäßige Anstrengungen und durch Bewegungsabläufe, die die Gelenke schädigen, belastet wird.
Der Welpe soll also nur wohldosiert bewegt werden. Er soll so lange als möglich nicht treppensteigen und später treppauf und treppab nicht unkontrolliert rennen, er soll nicht unkontrolliert auf glatten Böden, wo er ausgleiten kann, laufen. Bei der Erstellung eines geeigneten „Trainingsplans“ wird der Züchter den Welpenbesitzer gerne beraten.
Noch ein Wort zum Tragen eines Welpen: Niemals, aber wirklich niemals darf ein Hund an den Vorderbeinen hochgehoben werden. Die Schultergliedmaße ist, im Gegensatz zum Menschen, nur durch die Muskulatur mit dem Rumpf verbunden und nur für bestimmte Belastungen konstruiert. Wenn der Hund aufgehoben wird, soll eine Hand das Becken und die andere den Brustkorb und die Unterarme gemeinsam unterstützen. Wenn es ganz schnell gehen muß, kann ein Welpe ausnahmsweise am Nackenfell hochgehoben werden, quasi nach „Art der Hundemütter“.

Hüftgelenksdysplasie

Definition
Die Hüftgelenksdysplasie (HD) ist eine erblich bedingte Fehlbildung des Hüftgelenks, bei der die Hüftgelenkpfanne und der Oberschenkelkopf nicht aufeinander abgestimmt sind. Die Fehlbildung kommt in unterschiedlich starken Graden vor und kann sich in einer Formanomalie des Oberschenkelkopfes oder der Hüftgelenkpfanne oder beider äußern. Es gibt aber auch Fälle, die im Anfangsstadium vor allem dadurch gekennzeichnet sind, daß der Gelenkschluß ungenügend ist, der Oberschenkelkopf also nicht immer fest in der Hüftgelenkpfanne liegt. Die HD kann ein- oder beidseitig auftreten und entwickelt sich in der Zeit von der Geburt bis zum Alter von ein bis eineinhalb Jahren. Sie kommt vor allem bei Hunden großer und mittelgroßer Rassen vor.

Verlauf
Infolge der Fehlbildung bzw. des fehlerhaften Gelenkschlusses entwickeln sich mit zunehmendem Alter der Tiere sekundär degenerative Gelenksveränderungen.
Schema der anatomischen Strukturen, wie sie sich auf Rö. darstellen:
Vorkommen
Die HD kommt nicht nur bei Hunden vor, sondern auch bei anderen Tierarten wie Pferden, Rindern und Katzen sowie beim Menschen.

Anatomie des Hüftgelenkes
Das Hüftgelenk ist ein Kugelgelenk. Der Oberschenkelkopf sitzt tief und fest in der schalenför-

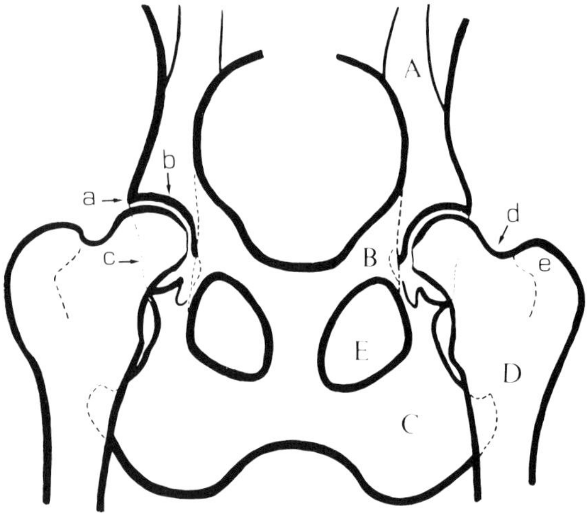

Schema der anatomischen Strukturen, wie sie sich auf Röntgenaufnahmen darstellen:
A Darmbein
B Schambein
C Sitzbein
D Oberschenkelknochen
E Foramen obturatum
a kraniolateraler Pfannenrand
b vordere Pfannenkontur
c Pfannendach
d Oberschenkelhals
e großer Umdreher

migen Gelenkpfanne. Das Hüftgelenk des Hundes ist ein dreiachsiges Gelenk, d.h. es ist relativ frei nach allen Richtungen des Raumes beweglich. Oberschenkelkopf und Hüftgelenkpfanne sind durch ein Band verbunden. Dieses Band trägt beim ausgewachsenen Hund aber nicht viel zum Gelenkschluß bei. Dieser wird vielmehr durch den Tonus der Muskeln sowie durch Adhäsion der mit Gelenkschmiere benetzten Gelenkflächen gewährleistet. Die Gelenkhöhle des Hüftgelenkes ist von der Gelenkkapsel umgeben, die in die Knochenhaut des Oberschenkelhalses und des Azetabulumrandes übergeht. Die Gelenkkapsel besteht aus einer straffen Bindegewebschicht und der Gelenkinnenhaut, von der die Gelenkschmiere gebildet wird. Diese ernährt den Gelenkknorpel und ermöglicht dessen reibungsarmes Gleiten. Dadurch, daß die Gelenkkapsel die Gelenkhöhle gegen die Umgebung abschließt, trägt sie zum Erhalt der Adhäsion der Gelenkflächen und damit zur Gelenkstabilität bei.

Die Entstehung der HD

Die Disposition für HD wird vererbt. Dabei ist jedoch eine Vielzahl von genetischen Faktoren mitbeteiligt. Außerdem ist nachgewiesen, daß die Aufzucht der Welpen von wesentlicher Bedeutung ist. Eine wichtige Rolle spielt die Ernährung; Unter- und Überangebot von Eiweiß sowie Unter- und Überangebot von Mineralstoffen fördern die Entstehung von HD. Ebenfalls wird die HD gefördert durch Über- und Fehlbelastung der Welpen und Junghunde (zu lange und zu intensive Bewegung, unphysiologische Bewegungsabläufe).
Auch wenn HD bei Hunden aller Rassen vorkommen kann, sind Hunde schwererer Rassen mehr gefährdet, weil ihr Knochen- und Gelenksystem schneller aufgebaut werden muß und auch mehr belastet wird.

Die Bekämpfung der HD

Da zumindest die Disposition für HD vererbt wird, müssen die Merkmalsträger, also Tiere mit HD, von der Zucht ausgeschlossen werden. Wie konsequent diese züchterische Maßnahme nun durchgeführt werden kann, hängt von verschiedenen Umständen ab.
Bei Rassen mit kleiner Population muß zurückhaltender selektioniert werden, weil sonst die Rassenmerkmale ebenso verlorengehen können. Wenn viele Tiere einer Rasse an HD leiden, kann auch nicht rigoros vorgegangen werden, weil sonst die Zuchtbasis zu klein würde. Bei Rassen mit niederem Körpergewicht hat ein HD-erkranktes Individuum voraussichtlich weniger Probleme als ein Vertreter einer schweren Rasse.

Weil viele Erbfaktoren an der Ausbildung der HD beteiligt sind, gilt: Die Paarung HD-freier Elterntiere ist keine Garantie für die HD-freie Nachzucht!

Die Diagnose der HD als Grundlage der Bekämpfung

Um züchterisch eingreifen zu können, müssen zumindest alle Hunde, die zur Zucht vorgesehen sind, untersucht werden können. Dazu muß ein Verfahren angewandt werden, das mit möglichst wenig Aufwand zuverlässig, das heißt sichere und reproduzierbare Resultate liefert.

HD-Diagnostik wird heute wie folgt durchgeführt:

Es werden zwei Röntgenaufnahmen der Hüftgelenke angefertigt, eine Aufnahme in gestreckter Haltung, die zweite mit abgewinkelten Oberschenkeln. Damit diese Aufnahmen einwandfrei gemacht werden können, muß der Hund vollständig entspannt sein, das heißt, er muß narkotisiert werden.

Nur einwandfreie Aufnahmen (korrekte Lagerung des Hundes, richtige Belichtung, keine Unschärfe) ermöglichen optimale Auswertung. Um die Röntgenaufnahmen zweifelsfrei zuordnen zu können, muß der Hund unverwechselbar zu identifizieren sein, dies ist durch Tätowieren möglich, allenfalls durch Mikrochip.

Die Auswertung muß durch absolut unabhängige, erfahrene Experten in einem standardisierten Verfahren erfolgen. Dafür eignen sich am besten zentrale Auswertungsstellen (in der Schweiz Bern und Zürich), wo eine große Anzahl Aufnahmen auszuwerten ist und wo (wenn nicht routinemäßig, so doch in Zweifelsfällen) zwei Gutachter die Aufnahmen eines Hundes beurteilen können.

Die Beurteilung der Röntgenbilder

In der Schweiz werden die Hüftgelenke aufgrund von sechs auf dem Röntgenbild erkennbaren Kriterien beurteilt. Diese Kriterien sind einerseits „bauliche" Merkmale des geröntgten Hüftgelenks (Norbergwinkel, Kongruenz von Femurkopf und Gelenkspfanne, Pfannenrand) und andererseits Veränderungen, die durch eine allfällige HD-bedingte Fehlbildung verursacht werden (Ablagerungen am Femurkopf, -hals und Gelenkkapselansatz).

Diese einzelnen Kriterien werden mit Zahlen von 0 bis 5 bewertet und aufgrund der Summe der einzelnen Bewertungen ergibt sich der HD-Grad. Dieser wird für jedes Gelenk einzeln festgelegt, dabei entscheidet das schlechtere Gelenk über den HD-Grad des Tieres.

Die Hüftgelenke werden beurteilt mit A, B, C, D oder E.

Dabei bedeuten:

A: keine Hinweise für HD
B: Übergangsform, HD-Verdacht
C: leichte HD
D: mittlere HD
E: schwere HD

Augen

Erkrankungen der Augen, auch banale Bindehautentzündungen, sollen rechtzeitig tierärztlich behandelt werden, besonders dann, wenn der Hund intensiv am Auge reibt und kratzt oder dieses am Boden und an Wänden zu reiben versucht. Auch bei Verletzungen in der Augenregion oder bei Fremdkörpern im Auge ist baldmöglichst der Tierarzt zu konsultieren.

Verschiedene Augenkrankheiten sind vererbbar; ihrem Auftreten muß durch züchterische Maßnahmen begegnet werden. Dabei handelt es sich um die folgenden Krankheiten:

Progressive Retinaatrophie (PRA)

Unter diesem Begriff sind erbliche Mißbildungen und Degenerationen der Netzhaut zusammengefaßt. Sie verursachen einen chronischen Sehverlust beim betroffenen Tier.
Sie weisen eine deutliche Rassen- und Altersdisposition auf.
Die generalisierte PRA umfaßt eine Gruppe erblich bedingter Netzhautveränderungen, die autosomal rezessiv vererbt werden. Eine solche PRA kann bereits im Alter von sechs bis zwölf Wochen auftreten und zur Erblindung mit ein bis zwei Jahren führen. Von den britischen Hütehunden sind die Collies betroffen.
Die zentrale Form der PRA ist eine **Retinapigmentepithel-Dystrophie (PED)**. Sie tritt im Alter von vier bis sechs Jahren auf, der Sehverlust erfolgt langsam, unbewegte Objekte im Zentrum des Sehfeldes werden nicht mehr wahrgenommen. Betroffene Tiere halten oft den Kopf etwas zur Seite, um funktionsfähige Randgebiete auszunutzen.
Die PED wird beschrieben beim Border Collie, Kurzhaar-Collie, Sheltie und beim Cardigan Corgie. Im deutschsprachigen Raum ist die PED jedoch äußerst selten aufgetreten.

Katarakt

Der Katarakt ist eine Erkrankung der Linse, bei der sich Kapsel oder Faser der Linse trüben.
Katarakte können erblich bedingt auftreten, aber auch als Folge anderer Erkrankungen des Auges oder anderer Organsysteme, als Folge von Verletzungen oder auch altersbedingt.
Erbliche Katarakte treten bilateral auf und zeigen eine deutliche Rassedisposition sowie ein typisches Aussehen und zeitliches Auftreten. Sie können sowohl schon bei der Geburt vorhanden sein oder erst später auftreten. Bei den Hütehunden ist die Krankheit beim Bobtail beschrieben.

Collie-Augenanomalie, Collie Eye Anomaly (CEA)

Die CEA ist eine erblich bedingte Augenanomalie, die beim Collie (Kurz- und Langhaar), Sheltie und Border Collie vorkommt.
Die hauptsächlichen Veränderungen sind mangelhafte Ausbildung bestimmter Schichten der Netzhaut und Gewebsdefekte im Umfeld des hinteren Augenpoles, wo der Sehnerv ins Auge mündet.
Es gibt verschiedene Ausbildungsgrade der CEA, meist ist das Sehvermögen nicht beeinträchtigt. Hochgradig erkrankte Tiere sind jedoch ganz oder beinahe blind. Die betroffenen Tiere sollten nicht zur Zucht verwendet werden. Es handelt sich um ein autosomal rezessives Merkmal, was bedeutet, daß erkrankte Tiere das Leiden immer weitervererben.

Ektropium und Entropium

Ektropium und Entropium sind Erkrankungen der Augenlieder.
Beim Ektropium handelt es sich um ein Auswärtsdrehen des Lidrandes. In geringgradigen Fällen muß mit vermehrten Bindehautentzündungen gerechnet werden. Bei schweren Fällen von Lid-Mißbildungen treten oft Entropium und Ektropium kombiniert auf und müssen operativ behandelt werden. Beim Entropium handelt es sich um ein Einwärtsrollen des Lides, so daß Haare des Lidrandes oder gar der Außenhaut die Hornhaut des Auges reizen, was für das betroffene Tier äußerst unangenehm ist und bis zu geschwüriger Degeneration der Hornhaut führen. Eine chirurgische Behandlung ist unumgänglich.

Ohren

Auch Hundeohren wollen gepflegt sein; sie sollen regelmäßig kontrolliert werden. Die Innenseite der Ohrmuschel wird gelegentlich mit einem feuchten Wattebausch oder einem Pflegetüchlein vorsichtig gereinigt. Beim Beardie und beim Bobtail müssen zudem ab und zu die Haare aus dem Gehörgang entfernt werden. Falls viel oder übelriechender Ausfluß festgestellt wird oder der Hund sich oft und intensiv am Ohr kratzt, den Kopf schüttelt oder immer schief hält, sollte der Tierarzt zum Rechten sehen. Neben den bereits beschriebenen Ohrmilben können andere Infektionen oder Fremdkörper die Ursache sein, die rasch und mit geeigneten Mitteln beseitigt werden soll.

Ernährung und Verdauung

Es wurde bereits erwähnt, daß die Fütterung des Welpen und jungen Hundes besonders wichtig ist, damit sich dieser bestmöglich entwickeln kann.
Während des ganzen Hundelebens sollte die Ernährung ausgewogen und den Aktivitäten und den Besonderheiten des jeweiligen Lebensabschnittes angepaßt sein. Kohlehydrate, Eiweiße, Fette, Mineralstoffe, Spurenelemente, Vitamine und Wasser müssen in richtiger Menge und im richtigen Verhältnis angeboten werden.
Der Züchter und bei Entwicklungsstörungen der Tierarzt beraten bei der Zusammenstellung der Ration beziehungsweise bei der Auswahl eines geeigneten Fertigfutters.
Diese werden in großer Zahl von der Futtermittelindustrie angeboten. Fertigfutter werden aufgrund wissenschaftlicher Erkenntnisse hergestellt und für jedes Bedürfnis von Hund und Hundebesitzer läßt sich ein passendes Produkt auswählen.
Mit Dosenfutter oder mit pelletiertem Trockenfutter lassen sich die meisten Hunde, auch die die manchmal eine etwas heikle Verdauung haben, problemlos und mit wenig Arbeitsaufwand füttern. Wenn als Belohnung oder „kleine Mahlzeit zwischendurch" noch einige Hundekuchen, Kauknochen oder Pansenstengel gegeben werden, ist für das leibliche Wohl des vierbeinigen Freundes bestens gesorgt. Die Futtermittelhersteller drucken auf die Verpackung Tabellen mit Mengenangaben. Diese Zahlen sind Richtwerte. Hunde sind keine Maschinen, es gibt gute und schlechte Fresser, gute und schlechte Futterverwerter, temperamentvolle und phlegmatische Hunde. Mit einer Waage läßt sich problemlos das Gewicht feststellen und, mit etwas Fingerspitzengefühl, ob etwas „Reserve" auf den Rippen ist oder eben nicht.
Nach jeder Mahlzeit sollten Hunde Siesta halten, damit die Verdauung nicht durch äußere Einflüsse behindert wird und richtig in Gang kommen kann.
Wenn altes angesäuertes Futter verabreicht wird oder nach dem Fressen nicht genug Muße zur Verfügung steht, kann wegen der dann übermäßig auftretenden Gasbildung leicht eine Magendrehung entstehen, die, wenn nicht rechtzeitig erkannt und behandelt, mit dem jämmerlichen Tod des Hundes endet.
In streßgeladenen Situationen, in denen die Zeit für Fütterung und Siesta fehlt, soll keine ganze Ration gegeben werden, sondern der Vierbeiner soll sich zu seinem eigenen Vorteil mit Trockenfisch oder ein paar Hundekuchen begnügen.
Bei langhaarigen Hunden können Durchfälle eine unappetitliche Verschmutzung des Haares an den Hinterbeinen verursachen. Wer sich scheut, dies – auch mal mitten in der Nacht – mit Wasser und Seife aus der Welt zu schaffen, wird an einem kurzhaarigen Hund mehr Freude haben.

Gebiß

Das Milchgebiß des Hundes umfaßt 28 Zähne, das zweite, definitive 42.

Milchgebiß:

$$\frac{3i \quad 1c \quad 3p}{3i \quad 1c \quad 3p} \times 2 = 28 \text{ Zähne}$$

Reißzähne:
oben p 3
unten p 4

definitives Gebiß:

$$\frac{3I \quad 1C \quad 4P \quad 2M}{3I \quad 1C \quad 4P \quad 3M} \times 2 = 42 \text{ Zähne}$$

Reißzähne:
oben P 4
unten M 1

Die Schneidezähne (Incisivi, „I") dienen dem Benagen von Knochen und der Körperpflege.
Die Fang- oder Eckzähne (Canini, „C") sind beim Hund besonders stark ausgebildet. Sie werden zum Festhalten der Beute und zum Zerreißen von Fleisch gebraucht. Die Backenzähne (Vorderbackenzähne, Prämolaren, „P"; Backenzähne, Molaren „M") haben Scherwirkung, mit diesen Zähnen zerschneidet der Hund Fleisch und bricht Knochen. Dazu werden besonders die mächtigen Reißzähne eingesetzt. Im Bereich dieser Zähne kann die Kaumuskulatur die größte Kraft entwickeln, der Kaudruck beträgt bis 3000 kg/cm^2.
Der einzelne Zahn besteht zum größten Teil aus **Zahnbein**, dem Dentin. Dentin kann zeitlebens

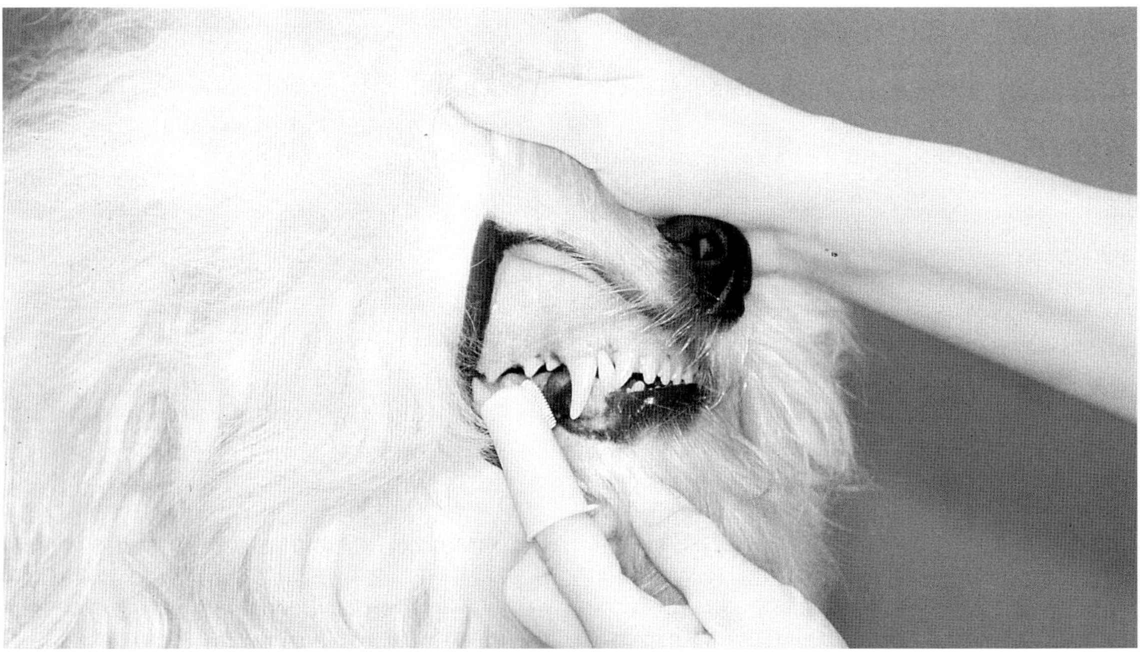

Regelmäßige Zahnpflege (hier mit der Fingerzahnbürste) bewahrt vor Zahnbelag

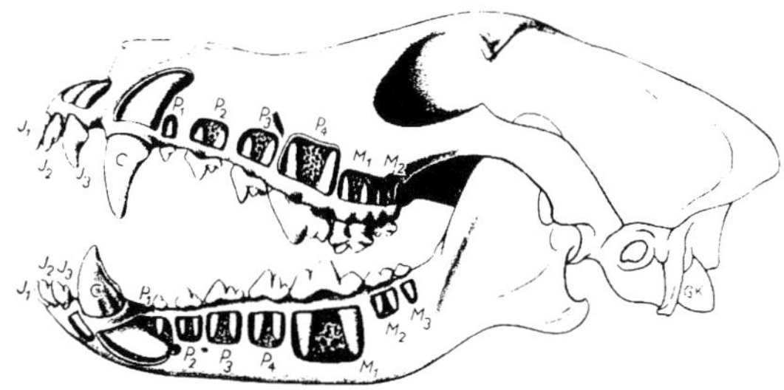

Bleibendes Gebiß eines etwa 8 Monate alten Hundes (Normalgebiß). Wurzeln durch Eröffnung der Zahnfächer freigelegt. P 4 des Oberkiefers und M 1 des Unterkiefers sind Dentes sectorii (Reißzähne).

gebildet werden. Im Bereich der Krone, dem sichtbaren Teil des Zahnes, ist dieser vom **Zahnschmelz** überdeckt. Zahnschmelz ist die härteste Substanz des Säugetierkörpers und hat lediglich einen Anteil von 2 bis 4% organischer Substanz. Die Wurzel des Zahnes ist von **Zahnzement** überzogen. Zentral in der Zahnhöhle findet sich die Pulpa, das **Zahnmark**. Es besteht aus Nerven, Blut- und Lymphgefäßen und steht mit dem umgebenden Gewebe des Zahns in Verbindung.
Das knöcherne **Zahnfach** ist ein Fortsatz des Kieferknochens, der sich mit der Zahnbildung entwickelt.
Der **Zahnhalteapparat** bildet mit dem Zahn eine funktionelle Einheit. Er wird gebildet vom Zahnelement, der Wurzelhaut und dem knöchernen Zahnfach. Die Wurzelhaut besteht zur Hauptsache aus wellenförmigen, darum streckbaren Bindegewebsfasern, welche den Zement mit dem Zahnfach verbinden. Der Zahn ist nicht starr in das Zahnfach gesetzt, sondern mit den in alle Richtungen nachgebenden Fasern eingehängt. Nur so können die ungeheuren Kräfte, die auf den einzelnen Zahn wirken können, abgefangen werden, ohne daß es zum Bruch des Zahns, des Knochens oder der Verbindung derselben kommt.

Das **Zahnfleisch** mit seiner enormen Fähigkeit zur Regeneration und zur Infektabwehr schützt die Zahnwurzel und den Zahnhalteapparat gegen äußere Einflüsse.
Der Welpe ist bei der Geburt zahnlos. Die Zahnung beginnt im Alter von etwa drei bis fünf Wochen und ist innerhalb von rund 20 Tagen abgeschlossen. Der Zahnwechsel beginnt mit etwa drei Monaten, mit rund sieben Monaten sollten alle Zähne durchgebrochen sein.
Wenn sich der zweite, bleibende Zahn unter einem Milchzahn zu entwickeln beginnt, wird dessen Ernährung eingeschränkt. Seine Wurzel beginnt sich zurückzubilden. Schließlich wird der Milchzahn durch den Ersatzzahn verdrängt und fällt aus.

Tabelle: Durchbruch der Zähne

Zähne	Milch-Gebiß	definitives Gebiß
I 1 OK/UK	3–6 W	3–6 M
I 2 OK/UK	3–6 W	3–6 M
I 3 OK/UK	3–6 W	3–6 M
C OK/UK	3–5 W	5–7 M
P 1 OK/UK	4 fi–6 M	
P 2 OK/UK	5–6 W	5–6 M
P 3 OK/UK	5–6 W	5–6 M
P 4 OK/UK	5–6 W	5–6 M
M 1 OK/UK	4–5 M	
M 2 OK/UK	5–6 M	
M 3 UK	6–7 M	
gesamt:	28 Zähne	42 Zähne

Das normale Gebiß bei allen britischen Hütehunden soll ein Scherengebiß sein, das heißt, die Schneidezähne des Oberkiefers beißen dicht vor diejenigen des Unterkiefers, die Prämolaren und Molaren des Oberkiefers beißen dicht außerhalb derjenigen des Unterkiefers. Unerwünscht ist ein überlanger oder verkürzter Unterkiefer (Vor-, bzw. Rückbiß).

Ein gesundes Gebiß ist Voraussetzung für eine gute Verdauung und somit für Gesundheit und Wohlbefinden. Maul und Zähne bedürfen besonderer Aufmerksamkeit während des ganzen Hundelebens. Beim Welpen und jungen Hund ist darauf zu achten, daß sich Kiefer und Zähne richtig entwickeln. Damit kann gleich die Lektion verbunden werden, daß „Zähne zeigen" auch im Leben eines in der Zivilisation integrierten Hundes seinen festen Platz hat.

Je nach Rasse und Welpe entwickeln sich die Zähne unterschiedlich schnell. Es ist darauf zu achten, daß sich sowohl die Milchzähne als auch die Zähne des definitiven Gebisses in der richtigen Position befinden. Dies nicht nur, weil im wachsenden Gebiß Korrekturen leicht vorgenommen werden können, sondern weil Zähne in falscher Position unter Umständen die Entwicklung der Kiefer nachhaltig beeinträchtigen können. Wenn ein Hundekind noch beizeiten lernt, daß man sich die Zähne mit der Bürste und Zahnpasta reinigen lassen kann, kann es sich – genau wie Menschenkinder – im späteren Leben Ungemach ersparen.

Karies ist zwar für das Hundegebiß kein Thema; jedoch sind saubere Zähne und gesundes Zahnfleisch Voraussetzung für einen lebenslangen intakten Zahnhalteapparat. Durch Zahnbeläge (Plaque) und Zahnstein wird das Zahnfleisch entzündet und zurückgedrängt. Weil Zahnstein ungeheure Mengen an Bakterien enthält, werden auch die Zahnalveolen entzündet. Folge dieses Prozesse sind schmerzhafte Entzündungen der Maulschleimhaut und wackelnde, später ausfallende Zähne. Solchen Hunden vergeht die Lust am Fressen und wegen des üblen Mundgeruches wird man ihn nicht mehr zu nahe kommen lassen. Also: Vorbeugen ist besser als Sanieren!

Abgeschlagene oder ganz ausgeschlagene Zähne sollten baldmöglichst medizinisch versorgt werden. Scharfe Bruchkanten können arge Verletzungen der Zungen- und Maulschleimhaut verursachen, sind zumindest ungemein lästig. Allenfalls eröffnete Zahnhöhlen sind Eintrittspforten für Bakterien. Hochschmerzhafte Entzündungen und Abszesse können die Folge sein. Ausgeschlagene Zähne können bei richtiger Versorgung wieder einwachsen und erhalten werden.

Haut und Haar

Der Pflege des Haarkleides ist ein anderes Kapitel dieses Buches gewidmet.

Die Haut ist das größte und darum ein sehr wichtiges Organ. Normalerweise beschränkt sich die Pflege darauf, sie sauber und frei von Parasiten zu halten, Verletzungen je nach Lage und Umfang mit Mitteln aus der Hausapotheke zu behandeln oder durch den Tierarzt versorgen zu lassen.

Allen Hunden eigen ist, daß sie, wenn es irgendwo juckt, zu kratzen und zu knabbern beginnen und nicht mehr aufhören können. So kann es vorkommen, daß über Nacht handflächengroße Hautstellen wundgeleckt werden. Dies wird dann auch als „Leckekzem" bezeichnet.

Solchen Problemen ist mit Mitteln aus der Hausapotheke nicht beizukommen, sie bedürfen der Behandlung durch den Tierarzt. Hautprobleme können vielfältige Ursachen haben (Parasiten, Bakterien, Pilze, Allergien, Fütterungsfehler, etc.) und man ist gut beraten, sich im Falle eines Falles bald mit tierärztlicher Hilfe um deren Beseitigung zu bemühen.

Der kleine Unterschied

Abgesehen davon, daß es natürlich Rüden und Hündinnen gibt, sind bei den „Briten“ im Vergleich zu anderen Rassen gewisse andere kleine Unterschiede festzustellen. Die Rüden sind selbstverständlich sehr maskuline Individuen, die sich in ihren Rudeln um die Alpha-Stellung bemühen – wenn man sie läßt. Im Gegensatz zu diversen anderen Rassen sind sie jedoch nicht aggressiv und als Hütehund ist ihm seine Herde, sein Rudel wichtiger als eine läufige Hündin irgendwo in der näheren oder ferneren Nachbarschaft. Ein Hütehund wird erst zu streunen beginnen, wenn sein Rudel nicht mehr intakt ist. Er wird einer läufigen Hündin auch nicht vom ersten bis zum letzten Tag der Läufigkeit sabbernd und zähneklappernd nachlaufen, sondern sie dann decken, wenn die Zeit dafür gekommen ist.
Aggressivität, Sexualität und Sozialverhalten sind bei Hütehund-Rüden in einem besonders ausgewogenen Verhältnis.
Hündinnen werden wie Hündinnen anderer Rassen ein- bis zweimal im Jahr läufig. Die Läufigkeit dauert etwa drei Wochen, die Zeit der Empfängnisbereitschaft dauert etwa vom zehnten bis zum sechzehnten Tag. (Im Prinzip, aber man verlasse sich nicht darauf!) Wegen des langen Haares der meisten Rassen ist in dieser Zeit besonders darauf zu achten, daß die Hündin sauber bleibt. Oft kann ein Abduschen des Hinterteils notwendig werden.
Für das doppelte Haarkleid (weiche, wasserabstoßende Unterwolle und harte Grannenhaare) der meisten in diesem Buch genannten Rassen ist ein ausgewogener Hormonhaushalt mit minimalen Anteilen weiblicher Sexualhormone unabdingbare Voraussetzung. Dies ist beim Rüden (im Hoden werden auch Oestrogene gebildet) und ganz besonders natürlich bei der Hündin nach einer Kastration nicht mehr gegeben. Als Folge geht das harte Deckhaar verloren und wird durch weiches, schnell verfilzendes Babyhaar ersetzt. Wenn also schon bei der Auswahl des Welpen feststeht, daß man keine Hündin mit funktionierendem Sexualzyklus haben kann oder möchte, muß man sich für einen Rüden entscheiden oder man wende sich einer kurzhaarigen Rasse oder einer mit Stockhaar zu. Bei bestimmten Erkrankungen des Geschlechtsap-

Champion »Salvenik Treasure« und sister »Salvenik Sea Shell«
Foto: Ernest Gascoigne

parates ist manchmal die Kastration die einzige oder letzte Behandlungsmöglichkeit. In einem solchen Falle wird man selbstverständlich versuchen, die fehlenden Hormone zu ersetzen, was aber nur ein Notbehelf sein kann.
Wenn es dringend nötig ist, kann die Läufigkeit mit Medikamenten unterdrückt oder verschoben werden.
Berufskrankheiten des Rüden sind Vorhautkatarrhe und Entzündungen und Vergrößerungen der Prostata. Eitriger Ausfluß aus dem Präputium, der Vorhaut, ist nicht nur für die Umgebung unappetitlich, sondern auch für das betroffene Individuum zumindest lästig, wenn nicht sogar schmerzhaft, und sollte bald behandelt werden.
Erkrankungen der Prostata äußern sich in Problemen mit dem Kotabsatz, Blutspuren im Urin und diffusen Schmerzzuständen. Behandlung tut not; Prostataprobleme müssen konsequent und bis zur vollständigen Genesung behandelt werden, dennoch kommen Rückfälle oft vor.
Hündinnen neigen besonders während des Wachstums zu Scheidenentzündungen und Infektionen der Blase. Beide Probleme können gemeinsam auftreten und erfordern konsequente Therapie.
Erkrankungen der Gebärmutter äußern sich in beeinträchtigtem Allgemeinbefinden und vermehrter Wasseraufnahme. Manchmal kann kakaobrauner Ausfluß beobachtet werden. Der Tierarzt wird eine Pyometra diagnostizieren und zur Entfernung der Gebärmutter raten, wenn es nicht gelingt, die Entleerung des eitrigen Inhaltes medikamentös auszulösen.
Wird eine Hündin trotz allen Vorsichtsmaßnahmen unerwünscht gedeckt, so kann versucht werden, eine Trächtigkeit zu verhindern. Dies geschieht durch hochdosierte Hormonabgaben. Entsprechend hoch ist das Risiko einer Pyometra. Die andere Möglichkeit besteht darin, abzuwarten, ob der Deckakt tatsächlich Folgen hat, und einen Mischlingswurf in Kauf zu nehmen.

Veteranen stellen besondere Ansprüche

Alte Hunde neigen zu Nierenerkrankungen und -degenerationen. Nicht zuletzt deshalb stellt der Senior andere Ansprüche an die Fütterung. Seine Ration soll weniger tierisches Eiweiß, dafür mehr Kohlenhydrate und allenfalls Quark und Hüttenkäse als Eiweißträger enthalten. Im Alter finden sich Probleme der Gelenke und Knochen, so daß die Spaziergänge kürzer und weniger anstrengend werden und Wetterumschläge sich auch aufgrund des Verhaltens von Oma und Opa „Vierbeiner“ prognostizieren lassen.
Es ist selbstverständlich, daß man einem alten Hund jede erdenkliche Fürsorge und medizinische Betreuung angedeihen läßt. Wir sind es unseren vierbeinigen Freunden aber schuldig, daß wir nicht Lebenserhalt um jeden Preis anstreben, sondern daß die Lebensqualität das Maß der Dinge sein soll. Wenn Behandlungen zwar möglich sind, aber die damit verbundenen Schmerzen und Ängste nicht durch einigermaßen gesicherten Erhalt an Beweglichkeit und Lebensfreude gerechtfertigt sind, soll das Hundeleben ein schmerzloses Ende finden.

Notfälle, die sofortige tierärztliche Behandlung erfordern:

Festliegen und hohes Fieber
(Vergiftung, Infektionskrankheiten, Hitzschlag)

Aufgetriebener Bauch, ev. mit Würgen
(Magendrehung)

Insektenstiche mit starken Schwellungen oder Atemnot

Schmerzzustände aller Art
(Darmverschluß, Ischiasnerv eingeklemmt, etc.)

Anhaltendes Erbrechen mit und ohne Durchfall
(Fremdkörper, Darmverschluß, Nierenleiden, Gebärmutterentzündung)

Anhaltender Durchfall mit und ohne Erbrechen
(Darminfektion, drohendes Austrocknen)

Verletzungen, die stark bluten oder bei denen die Haut und eventuell tiefere Schichten ganz durchtrennt sind.

Verletzungen im und beim Auge, Fremdkörper im Augenbereich

Lahmheiten mit Verdacht auf Knochenbrüche oder Ausrenkungen

Fremdkörper im Ohr

Fremdkörper in Maulhöhle oder Rachen

ausgeschlagene Zähne
(Zahn mitnehmen, wenn möglich in Milch aufbewahren).

Erziehung

Wenn der Welpe nach Hause kommt, ist für ihn alles neu und beeindruckend. Es fehlen ihm die Geschwister und die Mutter, nach denen er sich richten kann. Die Rangordnung, innerhalb der er die ersten Wochen seines Lebens verbracht hat, ist auseinandergefallen. Es ist daher für seine Entwicklung sehr wichtig, neue Aufgaben zu erhalten und Grenzen gesetzt zu bekommen.
Hat man anfangs noch mit der Stubenreinheit, dem Anknabbern von Stuhlbeinen, Kabeln, Teppichen, Pflanzen und Ähnlichem zu tun, muß mit zunehmendem Alter (und Gewicht) die Grunderziehung beginnen. Hierfür ist die Zeit gekommen, wenn der Welpe eine gute Bindung zur neuen Familie aufgebaut hat, wenn er auf seinen Namen gut reagiert und auf den kurzen Spaziergängen immer wieder zu seinen Menschen zurückfindet. Hierbei darf man jedoch nicht vergessen, daß einige Hütehunderassen wie z.B. der Bobtail und der Bearded Collie sehr fröhliche und unkomplizierte Welpen sind, die gerne Gesellschaft haben und ohne weiteres mit jedem Fremden, der lieb mit ihnen redet oder sie sogar streichelt, mitgehen. Nicht, weil ihnen diese Menschen netter erscheinen als die Besitzer, sondern einfach weil sie alle Menschen lieben.
Um mit der Erziehung Erfolg zu haben, muß der Besitzer lernen, wie er sich am einfachsten mit dem Hund verständigen kann. Er muß daran denken, daß kein Hund in der Lage ist, ganze Sätze zu verstehen, daß er aber einzelne Handlungen mit kurzen Hörzeichen verbinden kann und so, bei richtiger Anwendung, sehr schnell begreift, was vom ihm erwartet wird. Eine nicht zu unterschätzende Rolle spielt die Konsequenz, mit der geübt wird, und natürlich das Lob nach erbrachter Leistung.

Merkt man zum Beispiel, daß der junge Hund auf dem Spaziergang spontan kommt, sollte man diese Handlung mit einem freundlichen „Komm“ unterstützen und ihn dann loben und genügend streicheln. Ist die gleiche Situation einige Male genutzt worden, wird der Hund auf ein einfaches „Komm“ reagieren und gern zurückkehren. Natürlich darf in dieser Phase das Lob nie vergessen werden. Unerwünschte Handlungen wie Stuhlbein- oder Kabelknabbern werden mit einem kurzen aber kräftigen „Nein“ oder „Pfui“ bedacht. Sollte dies anfangs nicht genügend Wirkung zeigen, kann mit einer Zeitungsrolle auf den Boden geschlagen werden. Der momentane Krach wird den Welpen von seiner Tat ablenken und das Ziel ist erreicht. Nach kurzer Zeit wird die Zeitungsrolle nicht mehr nötig sein. Der Welpe hat begriffen, daß „Nein“ oder „Pfui“ für ihn bedeutet, die augenblickliche Handlung sofort abzubrechen.
Ausgiebiges Loben wird den Lernprozeß noch zusätzlich verschnellern. Über das Leinelaufen wurde schon in einem anderen Kapitel berichtet und sobald dies zur Zufriedenheit gelingt, ist es Zeit sich weiteren, für das Zusammenleben wichtigen Grundübungen zu widmen.

Die wichtigen drei Grundübungen

(nach U. Ochsenbein's Buch: ABC für Hundebesitzer, Müller Rüschlikon Verlags AG, Cham)

1. Gehen, wenden, anhalten, setzen
2. Bleib-Übung
3. Die Abrufübung (Herbeikommen)

Fast jeder Hundebesitzer wünscht sich einen gut erzogenen, angenehmen Begleiter im täglichen Leben. Die obengenannten Grundübungen enthalten alles hierfür nötige.
Wöchentlich drei- bis fünfmal während einiger Minuten konsequent durchgeführt, tragen sie dazu bei, innert weniger Monate einen ausgesprochen zivilisierten, wohlerzogenen Hund sein eigen nennen zu dürfen. Er wird an der lockeren Leine laufen und sich setzen, wenn der Führer stehen bleibt. Er wird in keinem Restaurant stören, da er ruhig unter dem Tisch liegen bleibt, und wenn er auf dem Spaziergang zurückgerufen wird, kommt er gern und freudig zurück.
Wichtig bei den Übungen ist, daß man den Hund daran gewöhnt, auf bestimmte Hörzeichen etwas Bestimmtes zu tun und nicht böse reagiert, wenn es nicht jedesmal sofort klappt, sondern ihn nach einem ruhig gesprochenen „Nein" wortlos korrigiert.
Die Übungen sollten zu Anfang an einem verkehrssicheren Ort stattfinden. Wenn außerdem nicht zu viele Ablenkungsmöglichkeiten bestehen, ist dies gerade in der Anfangsphase von Vorteil. Der Hundeführer sollte immer und unter allen Umständen ruhig und gelassen bleiben, auch wenn der gleiche Fehler vom Hund x-mal gemacht wird. Auch Menschen haben gute und weniger gute Tage, sind manchmal aufnahmefähiger und manchmal eben nicht. Wichtig ist, daß jede Übung seriös und dem, im Vergleich zum Menschen, begrenzten Auffassungsvermögen des Hundes entsprechend, aufgebaut und durchgeführt wird.

Gehen, Wenden, Anhalten, Setzen

Gehen und Wenden

Führer und Hund gehen zügig in gerader Richtung, wobei sich der Hund immer auf der linken Seite befindet. Die locker durchhängende Leine wird mit der rechten Hand am äußersten Ende gehalten.
Nach ca. 15 bis 20 Metern wendet man, indem man sich auf dem Punkt nach rechts dreht, ohne die Leine kürzer zu nehmen. Lediglich der Körper des Führers hilft, den Hund in die richtige Richtung zu ziehen. Sobald der Hund in der richtigen Richtung ist, läuft man geradlinig mit durchhängender Leine zurück. Bei der ganzen Übung, sie sollte mehrmals wiederholt werden, bleibt man stumm. Der Hund wird sich so nach wenigen Malen an der Geschwindigkeit und Bewegung des Führers orientieren und freudig jede Wendung mitmachen. Sobald dies erfolgt ist, sollte die Übung beendet und der Hund ausgiebig gelobt werden.
Die im weiteren beschriebenen Übungen werden immer mit der Übung „Gehen und Wenden" eingeleitet. Der Hund wird so, im wahrsten Sinne des Wortes, geweckt und ist aufnahmebereit für alles Neue.

Anhalten und Setzen

Geht der Hund an durchhängender Leine gut an der Seite, wird die Leine mit der linken Hand aufgenommen, der Schritt bis zum Stillstand verlangsamt und gleichzeitig die Leine senkrecht angehoben.
Um diesem Zug am Halsband auszuweichen, setzt sich der Hund vermutlich hin. Ist das nicht der Fall, wird die Leine wieder von der rechten Hand übernommen und mit der Linken wird sanft auf die Kruppe des Hundes gedrückt, bis er sich setzt. Sobald er sitzt, stellt sich der Führer wieder gerade hin, wartet zwei Sekunden und sagt ein gedehntes „Siiitz".
Gleichzeitig wird die Leine gesenkt. Bleibt der Hund sitzen, sollte er nach weiteren zwei Sekunden gelobt werden. Steht er jedoch auf, wird der Vorgang „Leine anziehen..." wiederholt.

Britische Hütehunde sind gelehrige Hunde und es wird nur wenige Tage brauchen, bis diese Übung auch ohne das senkrechte Anziehen der Leine bestens klappt.
Wie bei der Grundübung „Gehen und Wenden“ sollte auch diese Übung nicht zu oft hintereinander wiederholt werden. Klappt sie ein- bis zweimal gut, ist es für diesen Tag genug. Hund und Führer können wieder einen Erfolg verbuchen und keinem vergeht dabei die Freude.
Anschließend wird der Hund wieder von der Leine gelassen und kann noch herumtoben oder mit anderen Hunden spielen.

1

2

Gehen, Anhalten und Setzen

***Bild 1**: Wortlos zügig gehen, dann die Leine senkrecht anheben. Etwas später den Schritt verlangsamen ...*

***Bild 2:** ... bis zum Stillstand. Setzt sich der Hund spontan, aufgerichtet zwei Sekunden warten (s. Bild 4).*

***Bild 3:** Setzt sich der Hund nicht spontan, bleibt die Leine mit der gleichen Spannung nach oben gehoben und wird mit der rechten Hand übernommen. Mit der linken Hand wird die Kruppe des Hundes angetippt, bis er sitzt. Danach richtet man sich auf und wartet zwei Sekunden (s. Bild 4).*

***Bild 4:** Nach der Pause von zwei Sekunden geben wir freundlich und gedehnt das Hörzeichen „Siiitz“, wobei wir die Leine sachte senken. Eine weitere Pause folgt.*

***Bild 5:** Jetzt loben wir den Hund kurz am Kopf durch Auflegen der Hand und dem Hörzeichen „Brav sitz“. Hebt der Hund beim Lob ab, sprechen wir ruhig „Nein“ und bringen den Hund wie zuvor gemäß den Bildern 2, 3 und 4 erneut in Sitzstellung. Nach der obligaten Pause wird der Hund wieder gelobt.*

***Bild 6:** Erst nach der bekannten Pause ist die Übung beendet. Nach einer erneuten Pause gehen wir unter dem Hörzeichen „Komm“ weiter, oder wir schließen hier die Bleibübung an (s. Bild 7).*

3

4

5

6

Die Bleib-Übung

Diese für die meisten Hunde recht schwere Übung erfordert vom Führer viel Geduld und vor allen Dingen Gelassenheit. Sie trägt aber zum gegenseitigen Vertrauen und Verstehen sehr viel bei und selbst ausgesprochen temperamentvolle Hunde können mit der Übung gut unter Kontrolle gebracht werden.
Man beginnt mit der „Sitz"-Übung und geht dann wie folgt vor: Nach einem kurzen Augenblick, der Hund sitzt auf der linken Seite, wird die linke Hand vor den Kopf des Hundes gehalten und gleichzeitig ruhig „Bleib" gesagt. Die Hand wird wieder weggezogen und die obligaten zwei Sekunden werden abgewartet.

Danach tritt man entschlossen vor den Hund. Bleibt er sitzen, wird wieder einige Sekunden (später immer länger) gewartet, ohne daß man ihn dabei ansieht, dann die Hand wieder vorgestreckt, begleitet von einem ruhig gesagten „Sitz". Zwei Sekunden später tritt man wieder an die Ausgangsposition zurück, wartet einen Moment und lobt erst dann mit „Brav Bleib".
Im Prinzip ist hiermit die Übung abgeschlossen, es ist jedoch nötig, nochmals einen kleinen Moment stillzustehen, da der Hund sonst das Lob als Zeichen zum sich frei bewegen auffassen könnte. Steht der Hund während der Übung auf, sagt man ruhig „Nein" und beginnt wieder ganz von vorne.

Die Bleib-Übung

Bild 7: *Ausgangsposition ist das Sitzen. Dann wird die linke Handfläche vorgehalten und gleichzeitig das Hörzeichen „Bleib" gegeben. Danach nimmt man die Hand zurück.*

Bild 8: *Nun verweilt man aufgerichtet und entspannt 2 Sekunden.*

Bild 9: *Danach tritt man entschlossen, aber mit ruhigen Schritten vor den Hund. Bleibt er nicht sitzen, sagt man ruhig „Nein" und beginnt die Übung ganz von vorn.*

Bild 10: *Nun beginnt die Wartephase, die man kürzer oder länger hält. Dabei blicken wir den Hund nicht an.*

Bild 11: *Nach angemessener Wartezeit wird die linke Handfläche erneut vorgehalten bei gleichzeitigem Hörzeichen „Bleib".*

8

9

10

11

13

Linke Seite:
Die Bleibübung

Bild 12: *Es folgt die obligate Pause von 2 Sekunden.*

Bild 13: *Danach treten wir ruhig an die Seite des Hundes zurück.*

Bild 14: *Aufgerichtet und entspannt legen wir die bekannte Pause ein.*

Bild 15: *Jetzt wird der Hund kurz am Kopf gelobt durch Auflegen der Handfläche und mit dem Hörzeichen „Brav bleib".*

16

17

Rechts:
Die Pausen und die Praxis

Bild 16: *Die eingeübten Pausen helfen dem Hund, rasch zu merken, was wir von ihm wünschen. Die Besitzer gewöhnen sich an den ruhigen Umgang mit dem Hund.*
Der so ausgebildete Hund bleibt bei einem Straßenübergang am Randstein sitzen. Hier sieht man, wie die Leine mit der rechten Hand am äußersten Ende gehalten wird und locker durchhängt.

Bild 17: *Wer den Hund nicht überfordert und nie mehr als 5 bis 10 Minuten übt, dies jedoch exakt und konzentriert tut, vertieft seine Beziehung zum Hund zunehmend. So macht Erziehungsarbeit beiden beteiligten Partnern Freude.*

Die Abrufübung – Herbeikommen

Auch bei dieser Übung kommt es in erster Linie auf das konzentrierte und stets gleichbleibende Vorgehen des Führers an. Nur so wird der Hund in der Lage sein, das von ihm Verlangte möglichst schnell zu erlernen.
Am besten macht man diese Übung auf einem Waldweg oder einer Straße zwischen Böschungen (Kanalwirkung).
Eine Hilfsperson hält den Hund am Halsband und der Führer entfernt sich ca. 20 bis 30 Meter in gerader Richtung. Nach dieser Distanz dreht sich der Führer in Richtung Hund, ohne diesen anzusehen, bleibt ruhig stehen und zählt dabei auf zwanzig. Anschließend wird der Hund einmal mit dem Wort „Komm" gerufen und die Hilfsperson läßt ihn los. Er wird jetzt zum Führer rennen, der ruhig stehend auf ihn wartet. Selbst falls der Hund vorbeiläuft, ist es wichtig, ruhig stehen zu bleiben und den Hund nicht anzusehen. Sicher kommt er nach wenigen Augenblicken zurück, wird am Halsband gefaßt und die Sitzübung wird (ohne Leine) eingeleitet. Außer dem ruhigen „Sitz" wird immer noch nicht gesprochen. Nach zwei Sekunden wird der Hund angeleint und erst dann ausgiebig gelobt.
Diese Grundübungen machen den Anschein, recht kompliziert zu sein. Dies ist jedoch nicht der Fall, da sich jede Handlung logisch an die vorhergegangene reiht.
Sie sind im übrigen auch im täglichen Leben sehr gut anwendbar. Zum Beispiel vor dem Überqueren der Straße, dem Warten vor der verschlossenen Haustüre, vor dem Einsteigen in ein Auto usw.

Das Herbeirufen

Bild 18: *Eine Hilfsperson hält den Hund zurück, während die Besitzerin sich auf etwa 30 Meter Distanz entfernt.*

Bild 19: *Entspannt und bewegungslos wartet die Besitzerin. Nachdem sie langsam auf 20 gezählt hat, ruft sie den Hund mit dem gewohnten Hörzeichen ab, wobei sie auch dabei völlig unbewegt bleibt.*

Bild 20: *Die Hilfsperson hat auf den Ruf hin den Hund freigegeben.*

Bild 21: *Die Besitzerin empfängt den Hund und hebt ihn am Halsband etwas an, um ihn so nach der früher beschriebenen Weise (s. Bilder 2 bis 5) zum Sitzen zu bringen.*

Bild 22: *Hier erfolgt die wichtige Pause mit dem frei sitzenden Hund.*

19

20

21

22

Das Herbeirufen

Bild 23: *Jetzt wird der Hund kurz durch Auflegen der Hand am Kopf und mit dem Hörzeichen „Brav komm" gelobt.*

Bild 24: *Erst nach einer weiteren Pause wird der Hund angeleint.*

Bild 25: *Mit einer nochmaligen Pause wird die Übung beendet, bevor man den Hund freigibt oder mit ihm weitergeht (Hörzeichen „Frei" oder „Komm").*

Britische Hütehunde und Hundesport

Als freundliche Familienhunde lassen sich die „Briten" zwar sehr gut erziehen, eignen sich aber nur begrenzt für die Schutzhund-Ausbildung.
Natürlich haben verschiedene Tiere der hier genannten Rassen diese Prüfungen mit Bravour bestanden. Aber es gibt andere Rassen, welche sich wesentlich besser für diese Art von Ausbildung und Hundesport eignen. Bei den „Briten" muß man darauf gefaßt sein, daß sie – egal von welcher Rasse oder aus welcher Zucht sie kommen – sich während unangenehmen Übungen plötzlich auf den Rücken schmeißen und nicht zum Weitermachen zu bewegen sind. Oder aber daß sie zweimal hintereinander über eine bestimmte Hürde springen, weil es so schön war und Spaß gemacht hat.
Da die wenigsten Hundebesitzer in der Lage sind, sich für ihren Hund eine Herde Schafe zu halten, müssen andere Beschäftigungsmöglichkeiten, abgesehen von Ballspielen und dergleichen, gefunden werden. Sehr viel Spaß und Freude macht den Hunden und meistens auch den Besitzern „Agility", „Mobility" und „Obedience".
Gerade für Agility sind alle „Briten" bestens geeignet. Collie, Beardie, Border Collie und Bobtail starten in der gleichen Klasse, Sheltie und Welsh Corgie starten in der „Mini"-Klasse.
Es entspricht dem Charakter der Hunde, immer wieder andere Sachen zu tun, also keine Eintönigkeit aufkommen zu lassen. Der Parcours mit Wippe, Hürden, Tunnel, Sack, schräger Kletterwand, Slalom, Reifen und anderen Hindernissen erfordert eine gewisse Schnelligkeit, viel Ausdauer und Geschick, aber auch Ruhe und Ausgeglichenheit, um in minimaler Zeit durchlaufen werden zu können.
Für echtes Agility-Training muß der Hund alt genug und vor allen Dingen ausgewachsen sein. Hohe Sprünge und Landungen dürfen für den Körper, Knochenbau, Muskeln und Sehnen keine übermäßige Belastung mehr darstellen. Um die Junghund-Zeit vorbereitend auszunutzen, eignen sich Gehorsams- und Unterordnungstraining. Dies ist für Agility überaus wichtig und sobald der Hund dann das geeignete Alter erreicht hat, kann man ihn ohne Verzögerung an die verschiedenen Hindernisse gewöhnen.
Wie die Hundeausstellungen werden auch Agility- und Mobility-Trainings in den verschiedenen kynologischen Zeitschriften regelmäßig ausgeschrieben. Prüfungen werden auf nationalem und internationalem Niveau abgehalten.

Verschiedene Agility-Übungen

Nein, heute nicht!

Kurzhaar-Collie im Einsatz als Lawinenhund.

Die Zucht von britischen Hütehunden

Das Ziel der Zucht

Das Ziel züchterischer Bemühungen sind Rassehunde, die dem Standard entsprechen, einwandfreies Wesen aufweisen und gesund und langlebig sind.
Es gehört aber auch zu den züchterischen Bemühungen, für die Welpen die besten Plätze zu finden, welche Gewähr bieten, daß die jungen Hunde sich optimal entfalten können.

Voraussetzungen

Der Züchter

Als Züchter wird vorab einmal jeder bezeichnet, der einen Wurf im Hundestammbuch eintragen läßt. Um das zu werden, was man unter einem „Züchter" versteht, braucht es aber schon etwas mehr.
Als erstes und wichtigstes braucht es Verantwortungsgefühl gegenüber dem Tier als Individuum, gegenüber der Rasse in bezug auf Gesundheit, Wesensstärke und den Standard, gegenüber den zukünftigen Welpenbesitzern in bezug auf seriöse Aufzucht und – last but not least – kompetente Hilfe bei allen großen und kleinen Problemen. Wer gerne schnell das große Geld machen möchte, sollte die Finger von der Hundezucht lassen. Denn entgegen oft anderslautender Meinung ist die seriöse Hundezucht ein sehr selten kostendeckendes Hobby. Die Investitionen in Ausstellungen, Decktaxe, Beherbergung und Aufzucht der Welpen sind beträchtlich. Tierarztkosten und Inserate kommen dazu. Auch kann man nicht davon ausgehen, auf jeden Fall einen großen Wurf von sechs bis zehn Welpen zu erhalten. Oft sind es, speziell bei den kleineren Rassen, nur zwei oder drei, welche aber trotzdem die gleiche Aufmerksamkeit und Aufzucht erfordern und für ihr Gedeihen auch nötig haben. Ein seriöser Züchter weiß und akzeptiert dies. Er ist mit Leib und Seele Züchter und wird versuchen, seinen Weg trotz mancher Rückschläge zu gehen. Ein seriöser Züchter ist darum nie und nimmer mit einem Welpenvermehrer (der unter Umständen wirklich Geld verdient) zu vergleichen.
Hundezucht ist ein Hobby, ja eine Passion. Es darf und soll mit dem züchterischen Erfolg auch persönliche Befriedigung verbunden sein.

Die Hunde

Es gibt verschiedene legitime Gründe, ein Züchter zu werden, wie etwa, daß man einmal im Leben einen Wurf aufziehen möchte; daß es schön für die Kinder wäre, eine Geburt und das Aufwachsen von Welpen zu erleben; daß man vom allseits geliebten Hund einen Welpen behalten möchte.

Acht Wochen alte Welsh-Corgie-Welpen.

Keine legitimen Gründe sind die folgenden:

- Das eingenommene Welpengeld finanziert das neue Auto, die Ferien oder was auch immer. „Züchter“ mit diesen Vorstellungen werden schnell eines besseren belehrt.
- Ein Rüde sollte einmal seinen Spaß beim Decken haben.
- Es ist gut für die Gesundheit der Hündin, Mutter zu werden.

Denn beide, Rüde wie Hündin, werden genauso gut leben und alt werden können, ohne je sexuell aktiv gewesen zu sein.

Wenn man zudem an die verschiedenen Komplikationen denkt, welche während der Trächtigkeit, Geburt und Säugezeit auftreten können, wird offensichtlich, daß man Zuchttiere einem nicht unerheblichen Risiko aussetzt.

Als erstes muß man sich vergewissern, daß der eigene Hund wirklich ein ausgesprochen schönes und typisches Exemplar ist. Dazu besucht man einige Ausstellungen mit ihm und erhält so von verschiedenen anerkannten Richtern Beschreibungen, besser gesagt „Kritiken“, des Hundes. Sobald man weiß wo die Stärken und Fehler (kein Hund ist perfekt) des Hundes sind, kann man sich entscheiden, ob gezüchtet werden darf oder besser nicht. Über den Gesundheitszustand und den rassetypischen Charakter des Hundes muß man sich weitgehend selbst Klarheit verschaffen. Die Krankengeschichte des Hundes ist nur dem Besitzer bekannt, ebenso weiß nur der Besitzer, wie sich der Hund im Alltag, in Normalsituationen oder unter Streß benimmt. Ein aggressiver Hund ist eine Gefahr für die Umwelt und Kinder im speziellen. Ein krankheitsanfälliger oder mit Erbkrankheiten belasteter Hund darf genausowenig für die Zucht verwendet werden.

Die Theorie

Die Theorie ist grau, allenfalls trocken, meint der Volksmund und drückt sich mit dieser Entschuldigung davor, sich mit Kenntnissen und Wissen zu

Neun Wochen alte Bobtail-Welpen.

belasten. Wenn ein Automobilist von seinem Wagen lediglich soviel weiß, daß er fährt, wenn er den Zündschlüssel dreht und mit dem rechten Fuß auf das Pedal ganz rechts drückt, mag dies angehen.

Wer aber Hunde züchten will, der übernimmt ein gerütteltes Maß an **Verantwortung** gegenüber der Mutterhündin, den Welpen und den künftigen Welpenbesitzern im speziellen und gegenüber der Rasse im allgemeinen. Deshalb scheint die Forderung berechtigt, ein Züchter müsse etwas mehr von der Sache verstehen, auf die er sich einläßt. Ein **Minimum an Grundkenntnissen** ist darum unerläßlich!

Für denjenigen, der sich für Hunde interessiert, ist es selbstverständlich kein „müssen", sich eingehend mit der Materie zu befassen. Wenn auch die einen oder anderen Vorgänge etwa aus dem Bereich der Genetik einen gewissen Aufwand erfordern, um verstanden zu werden, so sind es keine geheimnisumwitterten Mysterien. Es sind vielmehr klare Fakten, die kennenzulernen spannend sind wie ein Krimi und deren Verständnis es uns ermöglicht, hinter die Kulissen und unseren Hunden unter den Pelz zu sehen.

Neben Kenntnissen über Haltung der Mutterhündin und des Deckrüden, die Aufzucht der Welpen, das **Fortpflanzungsverhalten** und die Abläufe bei Trächtigkeit und Geburt gehört auch das Wissen über **Vererbungslehre und Zuchtmethoden** zum Rüstzeug des Züchters.

Die Vererbungslehre offenbart, wie und in welchem Maße die Merkmale der Zuchtpartner an die Nachkommen weitergegeben werden. Diese Kenntnisse und das eingehende Analysieren der Eigenschaften, Vorzüge und Mängel der zur Verfügung stehenden Zuchthunde ermöglichen erst zu entscheiden, mit welchen Paarungen das züchterische Ziel erreicht werden kann, ob Inzucht, Linienzucht oder Fremdzucht („out-breeding") die Mittel der Wahl sind, erwünschte Eigenschaften hervorzuheben und zu fixieren, unerwünschte auszumerzen oder neue Merkmale einfließen zu lassen.

Die **Inzucht** ist ein Verfahren, bei dem nächstverwandte Tiere miteinander gepaart werden. Sie dient dazu, vorhandene gute Eigenschaften hervorzuheben. Selbstverständlich werden auch unerwünschte Merkmale manifestiert, deshalb ist diese Methode nur dann geeignet, wenn die angepaarten Tiere bereits ein ausnehmend hohes Qualitätsniveau aufweisen oder wenn man ganz gezielt einzelne Merkmale herauszüchten will.

Die Ohrenhaltung dieses Welpen ist im Alter von acht Wochen ganz normal.

Rasse / Race	Bearded Collie	BE/R 9.3.98	SHSB / LOS 542055
Name / Nom	Starflyer's Elsa (FCI)		Tät. / 542
Wurfdatum / Né(e) le	07.05.1996	Geschlecht / Sexe	Hündin
Haarart / Poil	lang	Farbe / Couleur	schwarz-weiss
Züchter / Eleveur	Meyer Marianne, Tannbergstr.16, 6214 Schenkon		
Eigentümer / Propriétaire	**Kranich Sylvia, Mitteldorfstrasse 14, 4414 Füllinsdorf**		

Eltern / Parents	Grosseltern / Grands-parents	Urgrosseltern / Bisaïeuls
Vater / Père Lord Lennon of Pribardom NHSB 1845424 Int.,NL,D,A,L,ARG,VDH-Champion schwarz-weiss, HD A, CEA/PRA-neg.90	River Belle's Noble Neil NHSB 1675472 Int., Dt., Belg., Holl.,Schweiz., VDH-Champion schwarz-weiss	First Grey Rint NHSB 1356884 Int., Dt., Lux.
		Beardie Connect LOSH 553734 Int.Champion
	Babbacombe Barney's Gipsy Rose NHSB 1619126 schwarz-weiss	Mitchell's Barn NHSB 994046 Int.,NL,D,B,L,C
		Ardassine Eskim NHSB 1512147
Mutter / Mère Sainsbury's Kizzy Lizzie VDH ZBrH8061 SHSB 495784 schwarz geb., HD A, CEA/PRA frei	Charncroft Caleb NHSB 1700102 Holl., VDH-Champion CEA/PRA-frei, HD Tc	Charncroft Clov KCRC G2147902G0
		Charncroft Copp KCRC K7591401L0
	Arabesque vom Haus auf den Steinen VDH ZBrH 2627 Int.Champion	Brambledale Bla VDH ZBrH 2161
		Blue Honey-Moon VDH ZBrH 1106

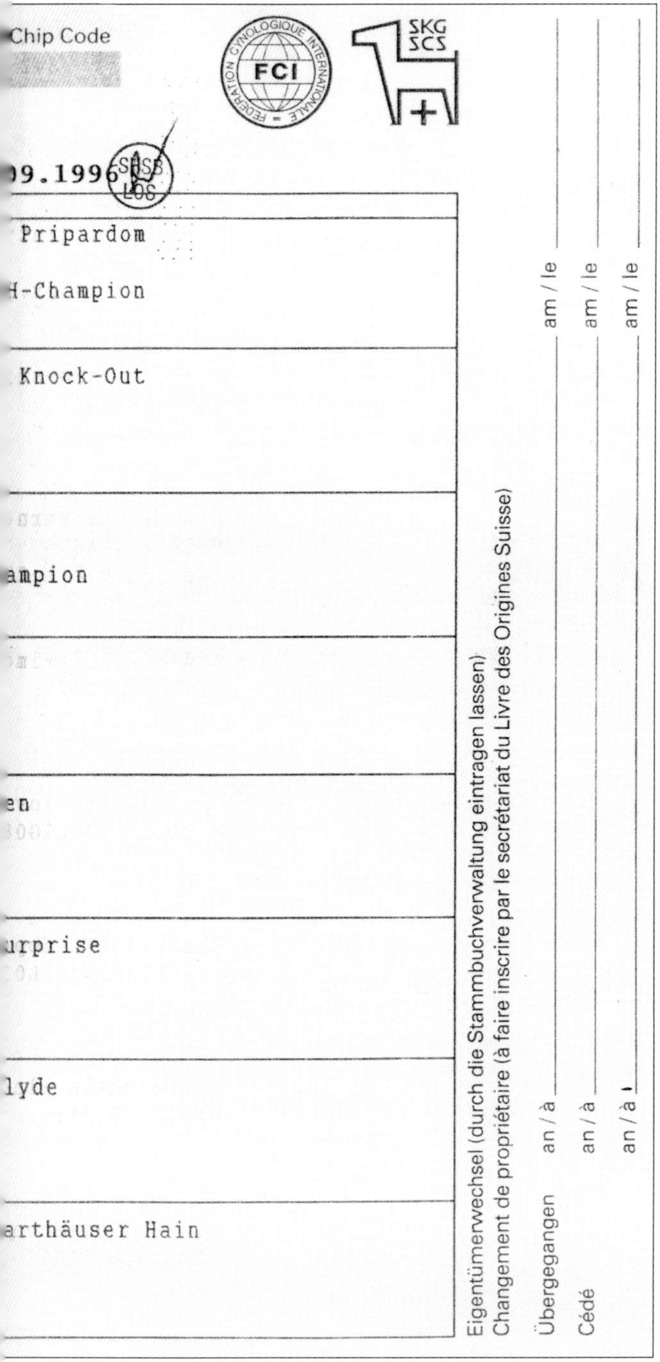

Beim Begriff „Inzucht" verspüren viele Laien kalte Schauer, sie denken spontan an Inzuchtschäden und halten solches Tun für unnatürlich. Festzuhalten ist, daß Inzuchtschäden erst nach sehr vielen Generationen engster Zucht auftreten, daß es ein in der Natur absolut übliches und regelmäßig vorkommendes Phänomen ist und dabei durchaus ermöglicht, daß die Stärksten und Besten sich fortpflanzen.

Bei der **Linienzucht** werden Tiere angepaart, die auf bestimmte Vorfahren zurückgehen. Es dauert wesentlich länger, auf diese Weise bestimmte Eigenschaften herauszuzüchten, es kann aber auch mißlingen, weil sich das Erbmaterial nach wenigen Generationen so vermischen und neu verteilen kann, daß die Nachkommen genetisch nur noch wenig mit den Ahnen gemeinsam haben. In diesem Fall ist die Linienzucht dann einer **Fremdpaarung**, einem „Outbreeding", gleichzusetzen, bei dem die gepaarten Individuen keine verwandtschaftliche Beziehung haben.

Solchen Paarungen unterstellt man einen gewissen „Wundertüteneffekt". Dies ist schon richtig, allerdings muß man auch solche Paarungen unter Berücksichtigung allen Wissens über die Partner planen, und mit Glück zum einen und züchterischem Fingerspitzengefühl zum anderen sind Nachkommen von bester Qualität durchaus kalkulierbar.

Um diese Qualität zu erhalten, wird man aber wieder auf die Inzucht zurückgreifen müssen. Nicht nur die möglichen Zuchtpartner sollten analysiert werden, sondern auch deren Ahnen. Nach Möglichkeit sollte man diese im Maßstab 1:1 in Augenschein nehmen. Die beste Gelegenheit dafür sind selbstverständlich die Ausstellungen, wo jeder einzelne Züchter und an der Zucht Interessierte die Hunde selbst besichtigen, mit Erlaubnis des Besitzers anfassen und beurteilen kann. Allerdings bringt dieses Unterfangen nur dann züchterischen Nutzen, wenn man die Beurteilung so objektiv als möglich vor-

Ich freß' 'nen Besen

nimmt, sich nur an den besten und nicht etwa an mittelmäßig gebauten Hunden orientiert und dank der Kenntnisse genetischer Gesetzmäßigkeiten einigermaßen zuverlässige Schätzungen für allfällige Nachkommen anstellen kann.

Eine wertvolle Hilfe, um die Hunde und ihre verwandtschaftlichen Beziehungen zu durchleuchten, sind die **Abstammungsurkunden**.

Für jeden Welpen wird eine Abstammungsurkunde, umgangssprachlich „Stammbaum" genannt, vom zuständigen Landesverband oder in gewissen Ländern vom Stammbuchführer des Rasseklubs ausgestellt.

Auch wenn dieses Papier für manchen Hundebesitzer nicht von großer Wichtigkeit ist, besonders wenn er keine Ausstellungen besucht oder nicht mit dem Hund züchten will, gehört es doch als Dokument zum Welpen. Auf der Abstammungsurkunde müssen die Rasse, der volle Name des Hundes, das Wurfdatum, das Geschlecht, die Haarart und Farbe, die im Stamm- oder Zuchtbuch eingetragene Nummer, eventuell die Tätowierungsnummer und der Züchter eingetragen sein. Jede Änderung der Besitzerverhältnisse sollte nachgeführt werden.

Außerdem sind die Vater- und Mutterlinien bis mindestens zur dritten Generation aufgeführt. Es muß vermerkt sein, in welchem Stammbuch die Ahnen eingetragen sind (z.B. Holland, England usw.) und welche Ausstellungstitel sie erworben haben. Neuerdings können auch in verschiedenen Ländern Gesundheitsbefunde aufgeführt werden.

In der Schweiz wird, falls der Hund auf HD untersucht wurde, die Auswertungsstelle und das Datum der Auswertung vermerkt. So bedeutet BE/R 9.3.98, daß die Auswertung des Röntgenbildes des betreffenden Hundes am 9.3.1998 im Tierspital Bern vorgenommen wurde. Weitere Angaben, wie Ergebnisse von Untersuchungen und Geburtsfarbe (z.B. CEA/PRA frei, tricolour, schwarz geb.) werden auf Verlangen des betreuenden Rasseclubs oder des Züchters auf den Ahnentafeln vermerkt.

Auf keine Fall darf das FCI-Zeichen, die Unterschrift des Stammbuchsekretariates oder die des Züchters fehlen.

Der britische Kennel-Club (KC) und der American Kennel Club (AKC) sind nicht Mitglieder der FCI., gelten aber als gleichwertige Organisationen. Die Abstammungsurkunden werden gegenseitig anerkannt.

Ankörungen

Die Rasseklubs haben Ankör- und Zuchtreglemente erlassen. Diese sind unbedingt einzuhalten, möchte man für die zukünftigen Welpen Ahnentafeln erhalten.
Je nach Rasse sind für den Hund unterschiedliche Vorbedingungen in bezug auf Ausstellungserfolge, Gesundheitszeugnisse betreffend HD und vererbte Augenkrankheiten, vollständiges Scherengebiß, Farbverteilung usw. erforderlich. Es empfiehlt sich, frühzeitig – vor der geplanten Ankörung – mit dem verantwortlichen Zuchtwart Kontakt aufzunehmen. Sind die Vorbedingungen erfüllt, kann die Anmeldung zur Ankörung erfolgen. Ein Spezialrichter wird den Hund auf Wesensfestigkeit (soweit dies in kurzer Zeit möglich ist) und die Schönheit in bezug auf den Standard beurteilen. Im Gegensatz zu Ausstellung-Richterberichten wird hierüber ein sehr ausführliches Protokoll erstellt. Entspricht der Hund im großen und ganzen den gestellten Anforderungen, ist er also ein zuchtwürdiger, typischer Rassevertreter, wird er angekört und dies der Stammbuchverwaltung der SKG und dem Zuchtwart des Rasseklubs gemeldet.
In Deutschland und Österreich bestehen ebenfalls Ankörbedingungen. Die zuständigen Rasseclubs erteilen gerne Auskunft.

Die Wahl des Deckrüden

Angekörte Rüden mit erstklassiger Abstammung, die zum Decken zur Verfügung stehen, sollten an einigen Ausstellungen hervorragend abgeschnitten haben.
Sie müssen nicht unbedingt einen Championtitel haben – Champion mit Champion gepaart, ergibt noch lange keine kleinen Champions –, aber Hündinnenbesitzer informieren sich mehrheitlich anhand von Ausstellungsergebnissen über einen in Frage kommenden Zuchtpartner.
Die Wahl des Deckrüden darf keinesfalls von Argumenten der Bequemlichkeit geleitet werden. Nur weil ein Rüde zwei Dörfer weiter wohnt oder ein anderer einer guten Freundin gehört, die man ohnehin schon lange besuchen wollte, ist er noch lang nicht der geeignete Zuchtpartner. Wer sich von solchen Argumenten leiten läßt, qualifiziert sich als Vermehrer.
Ebensowenig soll man sich davon beeindrucken lassen, daß ein bestimmter Rüde gerade „en vogue“ ist oder die Hündin eines berühmten Züchters gedeckt hat.

Das Decken

Bevor die Hündin gedeckt wird, sollte abgeklärt sein, ob sie gesund ist, ob ihr Geschlechtsapparat frei ist von pathogenen (krankmachenden) Bakterien, ob sie überhaupt zum Rüden paßt oder eventuell die gleichen Fehler wie er aufweist. Auch der Rüdenbesitzer hat der Rasse gegenüber eine große Verantwortung und ist verpflichtet, sich von der Zuchttauglichkeit der Hündin zu überzeugen. Gegebenenfalls muß er von einem Deckakt seines Rüden Abstand nehmen.
Vor dem Decken sollten Vereinbarungen über die Decktaxe, Nachdecken nach 24 bis 36 Stunden, Wiederholung des Deckens bei Leerbleiben der Hündin, usw. getroffen werden. Manche Hündinnenbesitzer wissen über die genaue Zeit der Läufigkeit nicht Bescheid, kommen daher unter Umständen einige Tage zu früh zum Rüden, erwarten aber gleichwohl einen Deckakt. Ein guter Deckrüde wird jetzt zum Glück noch nicht interessiert sein. Ein sachkundiger Tierarzt kann jedoch anhand eines Vaginalabstriches oder einer Blutprobe den genauen und bestmöglichen Decktermin bestimmen. Die für den Rasseklub und Landesverband nötigen Formulare werden normalerweise vom Hündinnenbesitzer mitgebracht und nach erfolgtem Deckakt ausgefüllt und von beiden Hundebesitzern unterschrieben.

Ein Rüde lernt Decken

Da manche Rassen nicht zu den sexuell aktivsten gehören, ist es gut, wenn ein junger ca. ein- bis eineinhalbjähriger Rüde das erste Mal einer möglichst schon erfahrenen, hochhitzigen Hündin, welche gern mit ihm spielen möchte aber auf keinen Fall aggressiv reagiert, zugeführt wird.
Für den ersten Deckakt sollte man genügend Zeit zur Verfügung haben, Hetze und Eile bringen hier gar nichts.
Rüden sind Gewohnheitstiere, auch was das Decken betrifft. Ein sehr erfolgreicher und bekannter Bobtail deckte beispielsweise die ersten Jahre nur Hündinnen, welche er gut kannte.
Die Hündinnen mußten daher spätestens am achten Tag der Läufigkeit im Hause des Rüdenbesitzers sein. Während die Hündin von Tag zu Tag hochläufiger wurde, lernte der Rüde sie besser kennen. Zum Decktag war sein Respekt dann verschwunden und er deckte einwandfrei. Der Grund hierfür? Er lebte in der Gemeinschaft anderer Hündinnen, von denen eine sehr dominant und Rudelchef war. Der gleiche Rüde deckte zeitlebens hochläufige Hündinnen nur im Dabeisein seiner Besitzerin.
Ein anderer Rüde deckte immer abends, nach dem Fressen im Gästezimmer. Der Grund hierfür? Dort hatte er seine erste Hündin decken dürfen.
Wenn man dem Rüden Deckhilfe geben möchte, muß man sehr behutsam und vorsichtig sein, um ihn nicht an irgendwelche Handgriffe oder Manipulationen von Anfang an zu gewöhnen.

Die Suche nach einem geeigneten Zuchtpartner

Eine der schwierigsten Aufgaben in der Zucht ist es, den bestmöglichen Zuchtpartner zu finden.
Dies erfordert viel Fingerspitzengefühl und eine große Portion Glück, aber auch absolute Ehrlichkeit gegenüber den Fehlern des eigenen Hundes. Nur wenn man bereit ist, diese zu akzeptieren,

Die Stammbuchnummer wurde in das rechte Ohr tätowiert, daher die grüne Farbe.

wird man züchterisch versuchen können, sie zu eliminieren. Da man die ausgezeichneten Details jedoch nicht verlieren darf, müssen auch sie genügend Beachtung finden.
Dr. h.c. H. Räber hat in seinem allseits anerkannten Buch „Brevier neuzeitlicher Hundezucht“ anhand von einfachen gut verständlichen Beispielen aufgezeichnet, wie Fehler gegebenenfalls wegzuzüchten sind. Dieses Buch sollte unbedingt von jedem zukünftigen Züchter gelesen werden.

Nochmals: Sind die Voraussetzungen für einen Wurf erfüllt ?

Bevor man seine angekörte Hündin vom ausgesuchten Zuchtpartner decken lassen kann, muß man sich nochmals und endgültig vor Augen halten, daß sehr viel Zeit und Platz für einen Wurf und dessen Aufzucht zur Verfügung stehen muß; daß man in Kauf nimmt, auf verschiedene angenehme

Dinge wie einen Tag im Schwimmbad zu verbringen oder Skifahren, ein freies Wochenende oder Ferien zu verzichten; daß man bereit und willens sein muß, sich morgens um fünf von einer hungrigen Rasselbande aus dem Bett scheuchen zu lassen und sich nicht davor scheut, bergeweise kot- und harngetränkte Zeitungen zu beseitigen.
Ein Wurf braucht einen Gartenteil für den Auslauf – ein kleiner Balkon genügt auch für die kleinen Rassen nicht – und bei langanhaltendem Regenwetter muß ein gedeckter Auslauf zur Verfügung stehen. Die Wurfkiste braucht einen hellen, gut heizbaren aber auch lüftbaren, ruhigen und zugfreien Standort. Wenn hier alles gut und einfach zu reinigen ist, erleichtert es die Arbeit des Züchters ungemein.
Wird drei bis vier Wochen nach der Geburt die Kiste zu klein, muß sie geöffnet werden können und der Auslauf der Größe des Wurfes und den Welpen angepaßt werden. Bei schönem Wetter müssen die Welpen spätestens ab der siebten Woche auch die Möglichkeit haben, im Freien an der frischen Luft zu spielen und zu balgen. Hier braucht es verschiedenartigen Boden, wie Rasen und Steine, aber keinen feuchten Boden. Sobald sie müde sind, brauchen sie jedoch wieder den wärmenden und geschützten Raum. Drinnen wie draußen muß alles gut und ausbruchsicher eingezäunt sein. Verletzungsmöglichkeiten wie lose Drähte und hervorstehende Nägel müssen vorgängig unbedingt entfernt worden sein. Büsche und Bäume oder ein Sonnenschirm müssen bei Sommerwetter Schatten bieten.

Administratives

Spätestens nach dem Decken der Hündin muß ihr Eigentümer bei der SKG oder dem zuständigen Landesverband einen Zwingernamen beantragen. Dieser wird, falls noch nicht vorhanden, von der FCI akzeptiert und für den Besitzer in allen der FCI angehörenden Ländern geschützt.
Entsprechend den Vorschriften des Rasseklubs und des Landesverbandes müssen Deckakt und Geburt gemeldet und die Abstammungsurkunden für die Welpen angefordert werden.
In der Schweiz und in den meisten anderen Ländern werden Wurf- und Zuchtstättenkontrollen durchgeführt und die Welpen durch Tätowieren oder neuerdings durch Mikrochips gekennzeichnet.

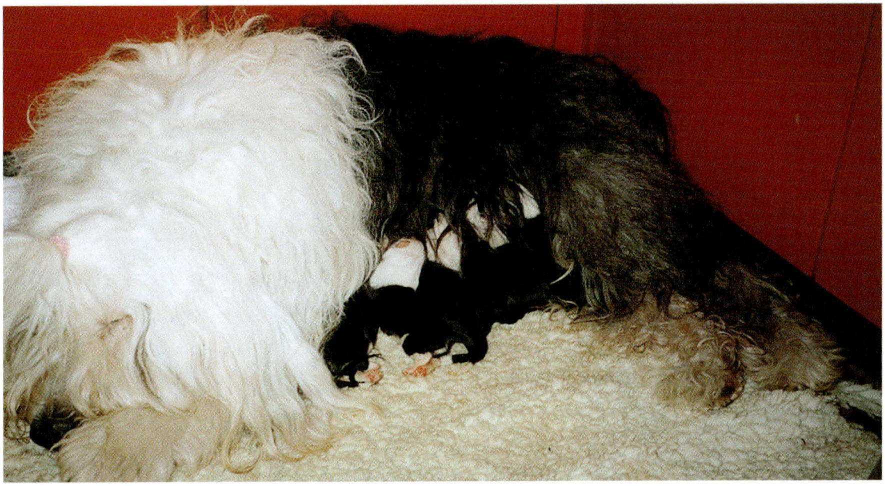

»Pennylane Last Minute« mit ihrem ersten Wurf

Die Geburt und Aufzucht der Welpen

Merkt man der Hündin drei bis vier Wochen nach dem Decken an, daß sie trächtig ist, muß eine gut isolierte Wurfkiste, für die größeren Rassen mit rundherum verlaufenden Stangen in etwa 10 bis 15 cm Höhe über dem Boden, gebaut werden. Die Stangen sollen ein Erdrücken der Welpen verhindern helfen.

Eine ausführliche Beschreibung findet man im schon genannten Buch von Dr. H. Räber.

Als Erstlingszüchter sollte man sich keinesfalls scheuen, sich vertrauensvoll an den Zuchtwart oder einen bekannten Züchter zu wenden. Diese sind meistens mit den verschiedensten züchterischen Problemen vertraut und kennen die Nöte und Ängste eines jungen Züchters daher bestens. Bei höflicher Anfrage werden sie immer bereit sein, Hilfestellung zu leisten. Wichtig hierbei ist, daß man mit der zu Hilfe gerufenen Person vorgängig abgesprochen hat, was eventuell (Deckakt, Geburt) zu erwarten ist. Der beste Lehrer kann nur helfen, wenn er innert nützlicher Frist erreichbar ist und nicht gerade an einem weit entfernten Ferienort weilt.

In den ersten acht bis zehn Tagen nach der Geburt müssen Mutterhündin und Welpen regelmäßig im Auge behalten werden. Ohne diese ausreichende Kontrolle besteht die Gefahr, daß Welpen durch die von der Geburt noch geschwächte Mutter erdrückt werden. Es muß ein Gewichtsprotokoll erstellt und täglich nachgeführt werden. Nur so ist kontrollierbar, ob jeder Welpe genügend Nahrung aufnimmt oder ob, speziell bei einem großen Wurf oder einer Hündin mit nicht ausreichender Milchleistung, zugefüttert werden muß.

Wenn alles bei der Geburt normal verläuft, die Mutter sich bestens um die Welpen kümmert und die ersten acht bis zehn Tage überstanden sind, wird die Arbeit nicht etwa geringer. Ab der dritten bis vierten Woche, je nach Milchleistung der Mutter, müssen die Welpen regelmäßig zugefüttert werden. Dies bedeutet auch putzen und nochmals putzen, da sich die Welpen jetzt selbständig versäubern können und die Mutter den Kot nicht mehr regelmäßig wegfressen wird.

Die Welpen werden größer, ein fast nicht beschreibbares glückliches Gefühl für jeden Züchter, brauchen aber auch jede Menge Aufmerksamkeit und Abwechslung, um sich während den verschiedenen Entwicklungsphasen optimal entwickeln zu können. Die Wurfkiste wird jetzt viel zu klein und der Züchter wird die Welpen mit Geräuschen verschiedenster Art und Lautstärke konfrontieren, ihnen den Kontakt mit fremden Menschen und Kindern ermöglichen. Er wird für Kletter- und Buddelmöglichkeiten besorgt sein und sie mit großem und kleinem Spielzeug versorgen. Nach der ersten Schutzimpfung, die Welpen müssen vorher regelmäßig entwurmt worden sein, dürfen sie aus der geschützten Umgebung auf die ersten Spaziergänge mitgenommen werden.

Hierbei, wie bei allen anderen Situationen, an denen die Welpen neue Eindrücke erhalten, sollte die Mutter dabei sein. Sie vermittelt ihnen Geborgenheit, gibt ihnen Mut und hilft so aktiv während der wichtigen Prägephase.

Diese Phase des Welpen ist nach der 16. Lebenswoche mehr oder weniger abgeschlossen. Wenn sie vom Züchter und auch vom neuen Besitzer nicht optimal genutzt worden ist, wird der Welpe sich sein Leben lang nicht so entwickeln, wie er es unter anderen Umständen gekonnt hätte.

Nach diesen Erkenntnissen aufgezogene Welpen werden ihren Besitzern ein hoffentlich langes Leben viel Freude bereiten.

Wichtige Adressen

FCI

Fédération Cynologique Internationale
12, Rue Leopold II
B – 6530 Thuin

Landesverbände und Nationale Rasse-Clubs

Schweiz: SKG

Schweizerische Kynologische Gesellschaft
Länggaß-Straße 8
CH – 3012 Bern

Bobtail Club der Schweiz
Frau M. Müller-Mächler
Schwarzackerstr. 42
CH – 8887 Mels

Schweizerischer Bearded Collie-Club
Frau B. Müller
Altlandenbergstr. 23
CH – 8494 Bauma

Border Collie-Club der Schweiz
Herr J. Aebli
Aumattweg 17
CH – 3032 Hinterkappelen

Schweizerischer Collie-Club
Herr K. Wäschle
Vogelsang
CH – 8514 Bissegg

Schweizer Shetland Sheepdog Club
Herr P. Reber
Altikofenstraße 55
CH – 3048 Worblaufen

Schweizerischer Welsh Corgi-Club
Herr Walter Corsten
Sandstraße 42 a
CH – 3904 Naters

Deutschland: VDH

Verband für das Deutsche Hundewesen e.V.
Westfalendamm 174
D – 44141 Dortmund

Club für Britische Hütehunde e. V.
Herr P. Zimmer
Dopheide 53
D – 33758 Schloß-Holte

Deutscher Collie-Club e.V.
Herr G. Scheithe
St. Wendeler Str. 62 b
D – 66892 Bruchm.-Miesau

Deutscher Old English Sheepdog Club e.V.
Herr K-D. Hubert
Friedrich Lekve Straße 24
D – 31135 Hildesheim

Österreich: ÖKV

Österreichischer Kynologen-Verband
Johann-Teufel-Gasse 8
A – 1238 Wien

Österreichischer Club für Britische Hütehunde
Frau M. Brenner
Donaufelder Straße 215
A – 1222 Wien

Literaturverzeichnis

ABC für Hundebesitzer und solche, die es werden wollen
Urs Ochsenbein
Müller Rüschlikon Verlags AG
CH – 6330 Cham

Enzyklopädie der Rasse-Hunde
Hans Räber
Franckh-Kosmos Verlag
Stuttgart

Sheep Dogs and their Masters
John Herries McCulloch
The Moray Press
Edinburgh and London

Alles über den Collie
Ada L. Bishop
Kynos Verlag
Mürlenbach

Collie und Sheltie
Dina von Hahn
Gräfe und Unzer Verlag GmbH
München

Bearded Collie
Eva-Maria Krämer
Franckh-Kosmos Verlag
Stuttgart

Bobtail – Old English Sheepdog
Barbara Müller
Müller Rüschlikon Verlags AG
CH – 6330 Cham

The Popular Welsh Corgi
Charles Lister-Kaye
Popular Dogs

Fotografen

London
Fotos wurden in verdankenswerter Weise zur Verfügung gestellt von
Frau D. Grossenbacher, Wettingen; Frau M. Müller, Mels; Frau B. Edelmann, Uzwil; Frau R. Wagner, L–Garnich; Frau E. Sommer, Röthenbach; Herr M. Wenger, Bellach; Herrn H.-U. Häberli, Interlaken; Frau E. Zwygart, Avenches; Herr H.P. Reiss, Gibswil; Frau K. Bischof, Langenbruck; Frau C. Girard, Nusshof; Herr J-R. Yersin, Echallens; Herr B. Hölzel, D–Alsbach; Frau S. Kirsch, D–Wallertheim; Frau A. Meier, D–Dietmannsried; Frau D. Sguaitamatti, Alchenflüh; Frau C. Schibler, Fulln; Herr D. Carld, Schaffhausen; Herr C. Bachmann, Ostermundigen; Ms T. Maddox, GB-Blackmore; Frau Ch. Bailey, GB–Romsey; Barbara und Dr. Urs Müller, Bauma

Sämtliche Fotos im Kapitel »Erziehung« von Urs Ochsenbein.

Titelbild: Dr. Urs Müller

Collie-Champion »Ramonn von Wengerhof«
Bearded-Collie-Champion »Laura Hashley de l'Arrondera«.
Bobtail-Champion »Pennylane Love'n Kisses«
Welsch-Corgie-Champion »Fireball de la Caverne des Anges«
Shelti »Igor von Santenburg«

Christian Janes/Angelo Steccanella
Französische Schäferhunde
108 Seiten, 72 Bilder, davon 36 in Farbe, 25 Zeichn. **Best.-Nr. 41258**

Susanne Kerl
Hovawart
108 Seiten, 112 Bilder, davon 24 in Farbe **Best.-Nr. 41212**

Rosemarie Wild
Terrier / Hochläufer
108 Seiten, 92 Bilder, davon 46 in Farbe **Best.-Nr. 41242**

Rosemarie Wild
Terrier / Niederläufer
112 Seiten, 92 Bilder, davon 34 in Farbe **Best.-Nr. 41226**

Lilly Barmettler
Dalmatiner
108 Seiten, 106 Bilder, davon 48 in Farbe, 10 Zeichn. **Best.-Nr. 41197**

Rosemarie Wild
Labrador Retriever
112 Seiten, 126 Bilder, davon 47 in Farbe **Best.-Nr. 41000**

Jeder Band DM 29,80/sFr 29,80/öS 218,–

Stand November 1998 – Änderungen in Preis und Lieferfähigkeit vorbehalten

»Hunderassen«

Die Reihe, die zur Sache kommt – herausgegeben von Urs Ochsenbein

Barbara Müller
Bobtail – Old English Sheep Dog
Dem immer fröhlichen Bobtail ist dieses Buch gewidmet – ein unentbehrlicher Begleiter »vom Welpen bis zum alten Hund«.
108 Seiten, 94 Bilder, davon 24 in Farbe, 4 Zeichnungen
Best.-Nr. 41159

Rosemarie Wild
Golden Retriever / Curly Coated und Nova Scotia Tolling Retriever
Ein Retriever erobert die Herzen stets im Sturm. Allen voran der Golden Retriever, der Schöne mit dem seidigen Fell. Ein Porträt für Züchter und Halter.
108 Seiten, 98 Bilder, davon 22 in Farbe **Best.-Nr. 41096**

Müller Rüschlikon

IHR VERLAG FÜR HUNDE-BÜCHER

Gewerbestraße 10, CH-6330 Cham
Postfach 4161, CH-6304 Zug
Tel. ++41(0)41 740 30 40 · Fax ++41(0)41 741 71 15

Urs Ochsenbein
Der neue Weg der Hundeausbildung
Diese völlig überarbeitete Neuauflage des Bestsellers berücksichtigt die neuesten Erkenntnisse der Ausbildung zum Gebrauchshund.
286 Seiten, 139 Bilder, davon 29 in Farbe
Bestell-Nr. 41069
DM 49,80/sFr 47,50/öS 364,–

Peter A. Widmer
Hunde verstehen – fördern – führen
Die Partnerschaft zwischen Mensch und Tier, das Eingehen auf die Persönlichkeit jeden Hundes, auf seine Bedürfnisse und Eigenheiten, sind das Kernstück dieses Buches.
256 Seiten, 53 Farbbilder
Bestell-Nr. 41243
DM 39,80/sFr 37,90/öS 291,–

John Fisher
Vom Strolch zum Freund
Unarten, schlechte Gewohnheiten oder Agressionen lassen sich auch bei schwierigen Hunden korrigieren. John Fisher überprüfte die Wurzeln unterschiedlichster Verhaltensstörungen und hat Lösungen anzubieten.
208 Seiten, 15 Zeichnungen
Bestell-Nr. 41182
DM 39,80/sFr 37,90/öS 291,–

Carl-Johan Adlercreutz
Hunderassen der Welt
Über 400 von der FCI offiziell anerkannte Rassen werden vorgestellt, mit einer Zusammenfassung sowie der geltenden Beschreibung sowie der spezifischen Merkmale wie Größe, Höhe und zulässigen Farben.
452 Seiten, 350 Farbbilder
Bestell-Nr. 41211
DM 69,–/sFr 63,50/öS 504,–

Wie sag ich's meinem Hund

Gwen Bailey
Sprich die Sprache deines Hundes
Die Ausbildung eines Hundes erfordert viel Know-how. Man sollte seine Bedürfnisse und Verhaltensweisen kennen, ihn richtig ernähren und pflegen. Und wie erteilt man Befehle? Welche Übungen gibt es dazu? Ein Buch für Halter und Ausbilder, die Fehler bei der Erziehung vermeiden oder korrigieren wollen.
128 Seiten, 140 Farbbilder
Bestell-Nr. 41278
DM 29,80/sFr 29,80/öS 218,–

Müller Rüschlikon

IHR VERLAG FÜR
HUNDE-BÜCHER

Gewerbestraße 10, CH-6330 Cham
Postfach 4161, CH-6304 Zug
Tel. ++41(0)41 740 30 40 · Fax ++41(0)41 741 71 15

Stand November 1998 – Änderungen in Preis und Lieferfähigkeit vorbehalten